異界百夜語り

堤 邦彦
橋本章彦 編

三弥井書店

異界百夜語り　もくじ

まえがき

この世のものとは思えない話に、かえって世の中の現実が透けて見えることがある。怪談奇談の足元に日々のくらしの生々しい痕跡が散らばっている、といってもよいだろう。

時は寛政八年（一七九六）。江戸からそう遠くない相模国の村里にひとつの珍事件が起きた。

じつは、幕府の勘定奉行職にあった根岸鎮衛《やすもり》のもとに、春先より奇妙な問い合わせがあいついでいた。地獄を取り仕切る閻魔大王に変装して「人を欺《あざむ》きしもの」を捕らえたそうだが、真相はいかに、というのがそのあらましである。「事実無根の妄言」と返答してみたものの、同じ年の冬、相模発の気になる噂が舞い込んできた。鎮衛の編んだ『耳嚢《みみぶくろ》』巻之五「閻魔頓死狂言の事」は以下こう続く。

とある村に、大事に育てた一人娘を亡くした老夫婦がいた。くる日もくる日も嘆き悲しむありさまは、気の毒で目もあてられないほどだった。村役人や五人組の村人がいろいろ慰めたが、いっこうに元気にならない。思案のすえに、名主の次男が一計を案じて近所の若い者たちをあつめた。彼らは鎮守祭りに使った赤頭のかつらや、山伏の装束を身に付けて閻魔大王と輩下の鬼どもに化け、真夜中を待って老夫婦の家の戸をたたいた。

異形の訪問者に驚く夫婦に対して閻魔さまが口を開く。

「地獄に連れてこられた汝らの娘をいろいろと吟味したのだが、これといって犯せる罪もない。そこでお釈迦さまと相談のうえ、このたびは極楽へ送ることに決した。しかるに両親そろって涙にくれるばかりで、法事もろくに行わないのはどうしたことか。このままでは娘の魂が中有を迷ってしまう。見るに見かねて、今宵ことの次第を告げに参ったというわけじゃ」。

ありがたい大王の言葉に夫婦はむせび泣き、感謝のしるしに仏前の餅を差し出す。すでに日が経ってカチカチになっていたが、「ここで遠慮しては怪しまれる」とばかりに、まず閻魔が率先して一口。無理にほおばってみたものの、餅が喉につまって苦しみ出す。鬼どもの介抱もむなしく、やがて息絶えた大王を残して若者たちは一目散に逃げ出した。

異変を知った村人が閻魔さまの遺体をあらため、顔の絵具を落としてみれば、なんと名主の次男の無残な姿があるではないか。やがて「逃げた鬼」を捕まえて問い糾し、事件の全貌が露見した。若者たちは鬼の姿のまま、ぞろぞろと奉行所に連れて行かれたと伝える。


すべてが善意から出たこととはいえ、片田舎の村人たちにとっては、天地が逆さになるほどの衝撃であったに違いない。

これに対して、江戸の都市住民の感覚からすれば、にせ閻魔の頓死と縄目にかかった鬼どもの情けないありさまは、歎きのなかにもどこか滑稽味を帯びた世間話となって囁かれ、流言の波間をただようことになった。

もっとも、この話を十八・九世紀の社会と世相にひきくらべてみた場合、神霊・妖魔を騙《かた》るかような噂話は、当時の人々にとり、さほど珍しいものではなかったようだ。

やはり『耳嚢』巻之五のなかに、幽霊に扮して金品を掠《かす》め取る妖婦の話が寛政八年の出来事とことわって紹介されているのをみても、怪異を逆手にとる犯罪の横行は想像にかたくない。

さらにさかのぼれば、近世初期の文芸作品ににせ幽霊の発覚（『飛鳥川』）や、地獄を見て蘇ったと称する悪徳僧の行状（井原西鶴『本朝桜陰比事』）といった題材が少なからず登場しているのがわかる。江戸時代人の目には、異形を真似た浮世の悪事もまた、ちまたに出没する「異形」のたぐいにほかならなかった。見えない世界の背後に、俗世間の蠢動《うごめき》が見え隠れするのである。

一方、どう考えても怪しげなあの世からの来訪者を詐欺と見抜けない心理状況は、一面では、冥途の実在を自明のことと信ずる民衆レベルの素朴な宗教観念と表裏一体の関係にあった。

盆・彼岸の法会の折ともなれば、寺参りの人々をターゲットとする地獄絵の絵解き説法が各地の寺堂をにぎわせていた。あるいは、あの世の風景を説きひろめる説教の日常化は、冥界と民衆の間の距離感を確実に縮めたはずである。

江戸の芝居や俗文芸に描かれた地獄の戯画化をみるにつけても、前近代の市井のすみずみに行きわたった仏教民俗の大衆化現象は無視できない生活史の事実と考えるほかない。

さて、冒頭にあげた相模国の奇談を歴史のながれにそくして読み解こうとするとき、話の面白さのみならず、当時の人々をとりまく文化環境をひもといてみる必要が感じられてならない。なぜなら、宗教、習俗、世相、文芸から昔話・伝説にいたるさまざま事柄が、今日に伝わるふしぎな話の成り立ちと深く静かなかかわりを持つからだ。

古今東西のまち、むらに散らばる話のカケラをとおして、遠い先祖たちのいとなみや息づかいを読む。本書の出発点はそのようなものの捉え方にある。

あやしい話、ぶきみな話、心にしみ入る話、そしてちょっとエロい話のひとつひとつに、時代の精神と文化の真相を探る。世にもまじめな百夜《ももよ》語《がた》りの世界にようこそ。

堤　邦彦

となりの異界

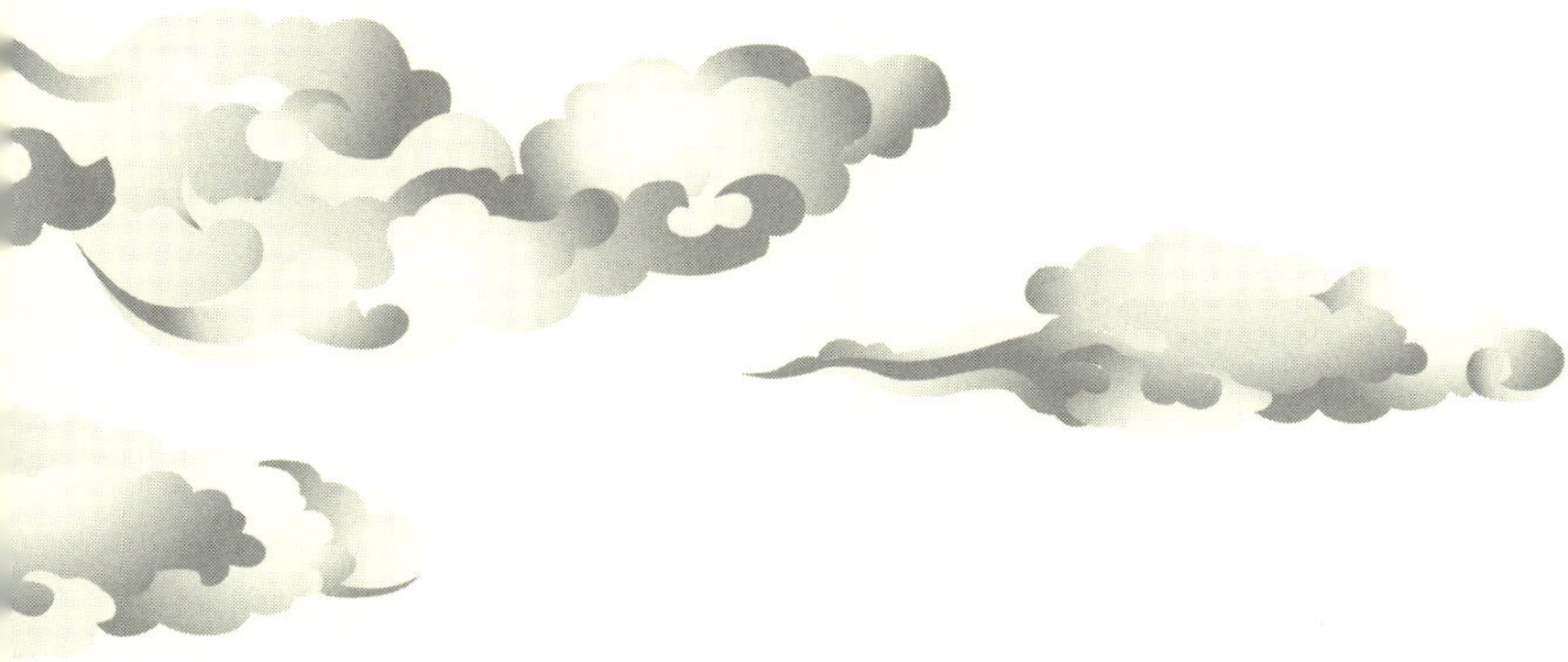

金の亡者

貧乏は人間を支配する煩悩のひとつ

現代の都市伝説をあつめた『新耳袋《しんみみぶくろ》』（メディア・ファクトリー社）のなかに「へそくり」と題する話が見える。死んだおじいちゃんが枕元に立って、「マルクスが…」と、わけの分からないことをつぶやく。家の中を探すと本棚に『資本論』。ページの間から隠してあった一〇万円が出てくる。おじいちゃんはこの金が気がかりで、この世に舞い戻って来たのだ。

幽霊の金欲というテーマは、意外に古くから語られていた。一七世紀半ばの仏教説話集『因果物語』は、尾張の実話として次のような奇談をしるす。

重い病の床に臥す男が、生涯かけてためた財産を納めた蔵を、じっと眺めている。いよいよ歩くこともままならない体で盥《たらい》に乗せられて蔵の中を見てまわり、七日程して亡くなる。凄まじい物欲のせいであろうか、夜になると男の幽霊が蔵の脇に立ち、「カナギリタル声」で泣き叫ぶようになった（上巻一八話）。

さらにまた、別の章段には、僧籍にある者でさえも、金欲ゆえに浮かばれない化け物になる話を紹介している。

美濃の大井宿に近い寺に夜な夜な僧の幽霊が現われ、爐《いろり》のあたりをじっと見つめている。旅の禅僧の指図で爐の周辺を掘ってみると灰の中から一五両の金が見付かった。

『因果物語』はこれらの話の教訓として、執着心ほど怖いものはない、だから仏道に帰依してモノに固執しない心を養うべきだ、と説いている。

仏教の教えによれば、金品財物をむさぼる心（貪念）は、人間を支配する煩悩のひとつとされた。そのような思想を分かりやすく教化するため、貪念のとりことなって浮かばれない亡者の話が仏教説話のかたちにアレンジされて、説教の場で語り伝えられた。『因果物語』も、そのひとつと考えてよい。

一方、欲の深い幽霊の話は、江戸中期になると、必ずしも仏教と関係のない世俗の噂咄に姿をかえて市井に流布して行く。江戸の町奉行職を勤めた根岸鎮衛《ねぎしやすもり》（一七三七〜一八一五年）の『耳嚢《みみぶくろ》』巻五に「怪竈《かいそう》の事」という巷説《こうせつ》が載る。

古道具屋で買い求めた竈《へっつい》の下から夜になると坊主の化け物が手を出す。気味が悪いので売り主に返された竈の中から五両の金子が見つかり、怪異出没の原因究明につながる。金の亡者となった僧の貪念に皆々舌を巻いたというのである。

同種の話は、後年落語の「へっつい幽霊」に潤色されて高座に上ることになる。

およそ江戸中期を境に〈死者の欲望〉をテーマとする話は、仏教説話から民間奇談へと姿をかえて行った。『新耳袋』はその現代版といえるだろう。

（堤　邦彦）

極楽@極楽

「温泉」は地獄の入り口

寒い冬の日、温泉に肩までつかることは、まさに「極楽、極楽!」。もっとも温泉が保養地の代表格となったのは、比較的新しい。かつてそこは地の底の冥途につながる恐ろしい地獄の入り口と考えられていた。仏典の『倶舎論《くしやろん》』には、地下にある八大《はちだい》地獄、八寒地獄とは別に、「孤独地獄」と呼ばれるあの世の場所がこの世の山間、樹下、広野に散在していると記されている。この孤独地獄こそが温泉なのだ。

江戸初期の『因果物語』上巻一三話に「生きながら地獄に落つる事」と題する各地方の奇談がある。

その一つが、九州の雲仙岳を舞台にした話。

徳の高そうな僧が、あちこちの名所をめぐるうち、湯玉の沸き立つ火口近くの源泉を見付け、ボコボコと音をたてる湯に指を入れてみた。ちっとも熱くなかったので、まるで風呂にでも入るように首までつかって「心地よし」と微笑んだ。実はこの坊さん、信者の寄付をむさぼる悪僧だった。僧は、たぶん永遠に雲仙の孤独地獄で手ひどい責め苦を味わうのであろう。

『因果物語』では、さらに那須、白山、立山で目撃された悪人の堕獄を記している。

たとえば下野国那須では、教伝《きようでん》なる僧が、親を足蹴《あしげ》にした罰で湧き立つ湯の中に自分から入っていった。いまでも殺生石《せっしょうせき》の近くに「教伝地獄」という史跡が残る。『因果物語』によれば、その場所で「教伝甲斐《かい》なし」と呼ばわるとにわかに湯が煮えたぎったと伝える。

那須はもとより、北陸の白山、立山などの山岳地帯が、現代の著名な温泉保養地であることは言うまでもない。

善悪邪正の基準すら怪しくなった二一世紀の今日このごろ、地獄の湯に肩までつかって「極楽、極楽」とつぶやくのも一興か。

（堤　邦彦）

『因果物語』「生きながら地獄に落つる事」

疫神送り

病気の神とどう付きあうか

今年のように猛暑が続くと、体が参ってしまう。おかげでひどい夏風邪にふせってしまった。そんな病床のありさまを題材にして、目に見ない疫神との戦いを幻視した江戸の俳吟を一句。

かやごしに鬼を笞打《むちう》つ今朝の秋　　与謝蕪村

夏の間悩まされた熱病も、立秋の朝を迎える頃には癒えてきた。自分の体から離れ、蚊帳の外に出て行く疫鬼の背に恨みの一撃を加えてやったというのである。

蕪村の生きた江戸中期は、芸術と科学の発達した時代である。ことに医学の分野では、杉田玄白らの蘭学医が活躍し、『解体新書』が翻訳されている。病気は、人智を越えた悪霊の仕業から、ある程度コントロールできる困った存在へと、変化していったわけである。そうした「知」の時代にあっても、疫鬼の幻影が句作の素材として十分に機能していた点は興味深い。

そもそも、疫神伝承の歴史をさかのぼってみた場合、すでに古代中世の社会にも、流行病・伝染病をもたらす悪神を、人間の生活圏から遠ざける呪法が、しばしば執り行われていた。

律令制時代の京都において、都の四隅にヤチマタヒコ・ヤチマタヒメ・クナトの三神を祀《まつ》り、疫神の侵入を防いだ「道饗祭《みちあえのまつり》」は、その典型であるし、祇園祭の源流である「御霊会《ごりようえ》」も、疫神除けの性格を帯びている。今日の農村にみられる疫神送りの習慣は、その名残といえるだろう。

茨城県小戸の周辺では、「鹿島のオオスケ」と呼ばれるわら人形を作り、村中を回って村境の川岸などに置いてくる。外界から流行病をもたらす病魔を防ぐ呪的儀礼の意味を持つこうした民俗文化は、一方で仏教説話の世界に、疫神と人の関わりを描く物語を生み出した。

大阪の天王寺に道公《どうこう》という名僧がいた。ある時、熊野詣での帰りに、日が暮れて大きな樹の下に宿る。夜更けに、騎馬の異人が通りかかる。三〇騎ほどの集団から取り残された老人が、仲間に「早くこい！」と怒鳴られる。「馬の足が折れてしもうて」と、老人はべそをかいていた。

翌朝になって、樹下に朽ちて足の部分を損なった絵馬があることに気付いた道公は、昨夜の霊異はこのせいかと悟り、絵馬の足を直してやる。

『本朝寺社物語』（1667）「絵馬神」に描かれた天王寺の道公

実は、老人は行疫神の案内役であった。結局、法華経の功徳により、老いた疫神は補陀落《ふだらく》浄土の世界に生まれ変わったという（『法華験記』『本朝寺社物語』）。話の末尾に柴草で作った疫神人形を海に流したことを記すのは「鹿島のオオスケ」の原風景を思わせる。病は人にとって恐るべき存在であると同時に、興味をそそられる題材でもあった。

（堤　邦彦）

「急がば回れ」琵琶湖の怪異

東海道新幹線に乗ったことのある方はご存知かと思う。下り列車が滋賀県に入るとほんの一瞬だが、琵琶湖が美しい姿を見せる。そして二十分程で瀬田の唐橋《からはし》の真横を走りぬける。

もののふの矢橋の船は早くとも
　急がば廻れ瀬田の長橋

連歌師・宗長《そうちょう》（一四四八～一五三二）の詠歌と伝える右の歌は、諺《ことわざ》の「急がば回れ」の出典ともいう。たとえ時間はかかっても、難破の危険をともなう渡し舟は避けて瀬田の橋を渡る陸路を選ぶ方が、安全で賢い旅人のふるまいだ、というのが本来の歌の意味である。

近世以降、東海道の草津・大津間には、近江八景の「矢橋《やばせ》の帰帆《きはん》」で名高い湖上六キロの渡し舟が運行し、快走する舟足に先を急ぐ旅人の人気があつまった。

もっとも、春の嵐の吹く季節になると、対岸の比良山系から吹き下ろす風は、帆船の難敵となった。容赦なく舟をくつがえす自然の脅威を前にして、人々は「急がば回れ」の警句の意味をかみしめたに違いない。

こうした荒ぶる風土の経験知は、いつしか近江人の間に湖上の難所を異界視する民俗的な感情を根付かせることになって行った。

そもそも湖南地方では、瀬田の橋の下にひろがる竜宮界の存在が古くから伝承されていた。俵《たわら》藤太秀郷《とうたひでさと》が百足《むかで》退治の軍功によって湖底の竜宮より褒美の品を賜る話（『太平記』等）などは、水底異郷を説話化した古典的な事例であった。

一方、江戸中期の仏教説話には、水難事故の横死者をめぐる因縁咄さえ書きとめられている。天和二年（一六八二）の大晦日、大津へ向かう便船が突風のために沈み、二十四人の犠牲者を出した。この事故がきっかけとなり、琵琶湖の船客が急減したという（『近江栗太郡志《おうみくりたぐんし》』）。それから二十年程のちに刊行された仏書『善悪因果集』の中に、遭難にあってただ一人助かった農民の身に起きた不思議な話がみえる。

> 転覆事故の翌年、男は再び同じ船に乗ることになる。その前夜、女房の夢に「去年水ニ入リテ死シタル人々」が現れ、亭主を連れ去ろうとするではないか。不吉な夢の予兆におののき必死になって止めたが、男は自分の運の良さを信じて疑わず、船上の人となる。案の定、事故現場を過ぎるころ、男は船端から落ちて溺死する。

結局、死骸もあがらずにこの一件は沙汰やみになったという。「急がば回れ」の教訓にまつわるじつに怪奇なエピソードである。

（堤　邦彦）

雷様《カミナリ》の子孫

異界の力への憧れと恐れ

地震と雷は、古くから日本人が怖いものの代表としてきたものである。以前は、これに「おやじ」というものも含まれていたが、近頃では、その資格を喪失してしまった。

私もかつて教え子を、落雷で亡くした経験がある。河川敷で野球の練習をしていたときの事故であった。電光は、野球帽の鳩目に落ち、上半身を通ってベルトのバックルから抜けたと聞く。集中治療室の彼の傍らで、じっとうずくまっていた母親の悲しい背中を今でも忘れない。まだ小学五年生の幼い命だった。

雷は、ときには人の命を一瞬にして奪う恐ろしい存在だが、雷鳴のするときは必ずと言ってよいほど雨を伴うことから、一方では恵みをもたらす存在との感覚もあって、両義的にとらえられていた。それ故に説話世界でも豊富な話材を提供している。

平安初期の弘仁年間（八一〇〜八二四）に成立した日本最古の仏教説話集『日本霊異記《りょういき》』上巻に次のような話がある。

敏達天皇の御代、尾張国に一人の農夫がいた。農作業のとき小雨が降ってきたので、木の根元へ行き、そこで金属のつえを立てて雨を避けていた。その時雷鳴がする。彼は雷を避けるため、すぐさま持っていたつえを振りかざした。すると彼の前に雷がおちてきて、小さい子どもの姿となる。

農夫はすぐ突き殺そうとしたが、助けてくれれば子どもを授けようというので、天に帰してやる。果たして、その後農夫に子どもが生まれたが、頭に蛇が二巻まとわりついていた。蛇は水神であり、このことはこの子供が同じく水神である雷神の申し子であることを示している。

金属の棒が雷避けであったことは興味深い。今日の知識からすれば木の下に避難することと共にかえって危険な行為なのだが、当時は効果があると信じられていたようだ。

ほぼ同時代の『入唐求法巡礼行記《にっとうぐほうじゅんれいこうき》』（九世紀初頭、第三代天台座主円仁）の中には、遣唐使船上で空に鳴る雷に対して、全員が甲板に出て金物類を振りかざしたことが記録されている。

ところで、農夫の話には後日談がある。その子は成長の後、小さい体ながら知恵と強力《ごうりき》を持ち、後には奈良の元興寺に入って、鬼を退治するなど大活躍をしたという。また中巻には、その子孫についての話が二話掲載されており、いずれも女性ながら強力を発揮して悪人を懲らしめたとある。

つまり、雷によって授けられた子の子孫は、代々強力など、普通の人を超えた能力を持っていたわけだ。逆にいうならば、通常を超えた力を説明するために、異界の血の流入を見ていたといえる。異界が今日より身近な時代において、こうした説明は、もっとも合理的なものであった。

ただし、ときには特定の家筋に対して、差別的言動を生み出す思考枠ともなったことを忘れてはならない。

（橋本章彦）

異郷からのメッセージ

季節を飛び越えた植物

いつの頃からか、日本人は季節の移ろいをわが身に感じる世界から遠ざかってしまった。鎌倉時代の思索家兼好法師は季節の変化に美を感じ、人の終焉にいのちの連続をかぎとった。現代人は春は春らしく、夏は夏らしくというイメージに合わせ、物事を分断する考え方に慣れすぎたのではないかと思うのである。

伝承文学の中では、四季の風情を東西南北にあらわした異郷に訪れた者がいる。その名は浦島太郎。太郎の訪れた竜宮浄土の風景は次のようなものだった。東方は梅や桜が咲き乱れている（春）。南方は反り橋を架け池を掘り、いかにも涼しい（夏）。西方は白菊が趣き深く咲き誇る（秋）。北方は白雪の風情が応えられないほどすばらしい（冬）。『不老不死』という物語にはもっと詳しく記されてあって、読み進むと、四季のうちに遊ぶ小鳥のような気分になれてうれしい。折しも季節は寒中、冬の風情に心を遊ばせてみよう。「冬寒く、鴛や鴎の羽を交はして、霜よやいとど侘びぬらん、焼け野の薄枯れ枯れに降り積む雪の深ければ…。」心癒されるのは私だけであろうか、異郷の風景には癒しの効果がありそうだ。

あくがれ出づる恋心を抱いた乙女が川のほとりを歩く。そこに四季の草花が咲き乱れていたとの表現を重ねるのは、小柳ルミ子のヒット曲「私の城下町」の一節だ。川はこの世とあの世を隔てる境界だ。乙女は異郷を逍遥したことになる。あの世は浄土とも異界とも異郷ともごちゃまぜに解釈され、その総体として我々をとりまく。我々は後からの合理化でもってそのうちいずれかを選択するだけだ。

映画「千と千尋の神隠し」を覚えておられるだろうか。十歳の少女である主人公・千尋が歩いた、四季の花が咲き乱れる花園を。春のスイートピー、夏のサツキ、秋のモミジ、冬のツバキ等々…。それらが同時に存在する世界はまさに異郷であった。その異郷にはお湯でくつろぐ八百万の神々の姿がある。

極楽浄土には「共命鳥」という鳥が飛んでいると説くお経がある。体が一つで頭が二つあるその鳥は、常に相反する気持ちを抱き続け、矛盾を肯定し続ける我々自身を現したものであろう。その矛盾のかたまりが、浄土ではさも気持ちよさそうに飛んでいるという。共命鳥は善とか悪とか、あらゆる差異を超えた境地を表している。とすると、季節を飛び越えた植物たちも、あるいは異郷から〝平等〟というメッセージを伝えているのだろうか。

（菊池政和）

魂の往還する大地

地中で赤ん坊を育てる

私の帰省先の熊本には以下のような民話が残っている。

　今から二〇〇年以上昔のこと、宇土のある古寺の近くに一軒の飴屋があった。細川公のご城下ということで飴屋もたいそうにぎわっていた。

　ある秋の夕暮れ、髪を振り乱し青ざめた女性が乳飲み子を抱いて飴をくれと店先に立った。二・三文の銭と引き換えに飴を渡し、はてこの辺では見かけない顔だがと振り向いたが、もう女の姿は見えない。その夜、銭箱を確かめると二・三枚の墓花の葉がまじっていた。その日は別段気にかけなかったが、そんなことが毎日続くので、飴屋の主人は気味が悪くなってきた。

　ある夕方、飴を買った女の後をこっそり付けていくと、女は古寺の裏手の墓地の方に消えていった。墓地はたいそう荒れ果てており、その夜はあきらめて帰宅した。翌朝、古寺を訪ね和尚とともに墓地を訪ね、真新しい墓標のところへ行ってみた。墓標の傍らにこぶし大の穴があるので掘り返すと、地下には死人の女に抱かれながら一人の赤ん坊がすやすやと眠っている。調べたところ、妊娠したまま病死した女をここに葬ったということであった。（荒木精之著『続肥後民話集』）。

京名物幽霊子育飴（京都市東山区）

死んだ母親が亡霊となってあめを買い、地中で赤ん坊を育てた話である。

われわれは神聖なる大地から生まれるものに対して畏敬《いけい》の念を払う。だから、地中から生まれた人間は特別な存在となるのであろう。

この話には後日譚がある。この不思議な事件を耳にした細川公はその子どもに特別な姓を与えたというのだ。名前は誕生の証である。この子はこぶし大の産道を通って誕生したし、私たちも大地に例えられる母の産道を通って生まれてきた。魂の往還ということを考える意味でもこの民話の問いかけるものは深い。

（菊池政和）

タイ版子育て幽霊
祟る産死者

日本の昔話に「子育て幽霊」という話がある。子どもを身ごもったまま死んで葬られた女が墓の中で出産し、幽霊になって飴を買いに来る。赤子を育てるためだった、という結末から別名を「飴買い幽霊」ともいう。遺児は、寺の住職に引き取られて、のちに高名な僧になったと語るものも少なくない。

日本で息の長い歴史をもつこの種の話は、どうやら古い中国の仏教説話をルーツとするものらしい。説話の伝播《でんぱ》ルートを追跡してみると、東南アジアのタイにも同様の幽霊説話が見られる。たとえば二〇〇五年に日本で上映されたタイの映画『ナーン・ナーク』は、一五〇年ほど前のバンコク近郊プラカノンに起こった幽霊女房の物語を下敷きにしている。

愛する夫を戦場に送り出したナークのおなかには夫婦の愛の結晶が宿っていた。やがて家に帰った夫とともに、親子三人の幸せな生活が始まる。ところが、ちょうどそのころから村人が相次いで変死する凶事が起こるようになる。実はナークは出産時に亡くなっていたのである。夫を待っていたのは彼女の霊魂であり、そのことを隠そうとして、真実を知っている村人に災いをおよぼしたのである。ナークの死霊を祓《はら》うために有名な高僧が呼ばれ、仏の力によってやっとナークの魂は安らぐ。

彼女の骨を祀った塚はいまもバンコクのマハブット寺院の裏手にあり、「メイ・ナーク」の祠《サヤン》と呼ばれ、常に参詣人が絶えない。

日本の昔話が過去の物語であるのに比べると、タイの話は現在も目の前の利益を求める庶民の信仰を集めている。安産、子授けはもちろん、兵役除けの守りや、宝くじ当選の祈願所にもなっていて、生きて働く信仰の場である点にメイ・ナーク塚の存在感があるといってもよい。

タイの人々の間には産死者の幽霊「ピー・タイ・トム・クロム」を恐れる心意がいまも根強い。

バンコク・プラカノンのメーナークの祠

一方、怪談芝居の名作『四谷怪談』のお岩様がわが子を抱いた産女《うぶめ》の姿であることに注目する日本人は、どのくらいいるだろうか。産死をめぐる民俗信仰のリアリティーには、地域差があるようだ。

もっとも、産科救急医療の能力低下が問題視される日本の現状を考えると、新たな産女伝説の登場があってもおかしくないかもしれない。

（堤　邦彦）

手招きする柱

「見えない世界」とのかかわり

柱は家を支えるとても重要な部分だが、それだけに宗教的な意味合いを持たされていた。大黒柱に正月のしめ縄を飾りミカンなどを供えたが、こうした習俗はそれをよく示している。

むろん、家の柱は、木材でできていることが多い。古い家の場合は特にそうである。木材には節というものが存在する。それは、その木が生きていた時代に枝の生えていた跡なのだが、古くなると、その部分が抜け落ちてしまうことがあった。そのようにしてできた穴が、いわゆる「節穴」である。たまたま中が空洞になっていたりすると、それが異界への通路として意識されることとなった。

平安時代の『今昔物語集』（一二世紀初頭ころ）巻二七には、次のような話が載る。

ある家の母屋を支える柱に大きな節穴があいていた。夜中になると、そこから小さい手が出てきて、手招きすることが毎夜のように続く。怖くなった主人は、そこに仏の絵像や経典をかけてみるが、一向におさまる気配を見せない。二、三夜ごとにその手は、穴から出てきて手招きをする。そこである人が、試みに征矢《そや》（殺傷能力のある矢）を突っ込んでみた。

すると不思議なことに、その矢がある間は、あの気味の悪い手は出なくなったのだ。その人は、矢の柄をとって、やじり（矢の先の部分）を深く穴に差し込んだ。するとそれから以後、あの手招きはなくなったのである。

この話には、節穴と異界の関係が示されており、柱が単に家を支えるものではなく、「見えない世界」と関連してとらえられていることをわれわれに教えてくれている。

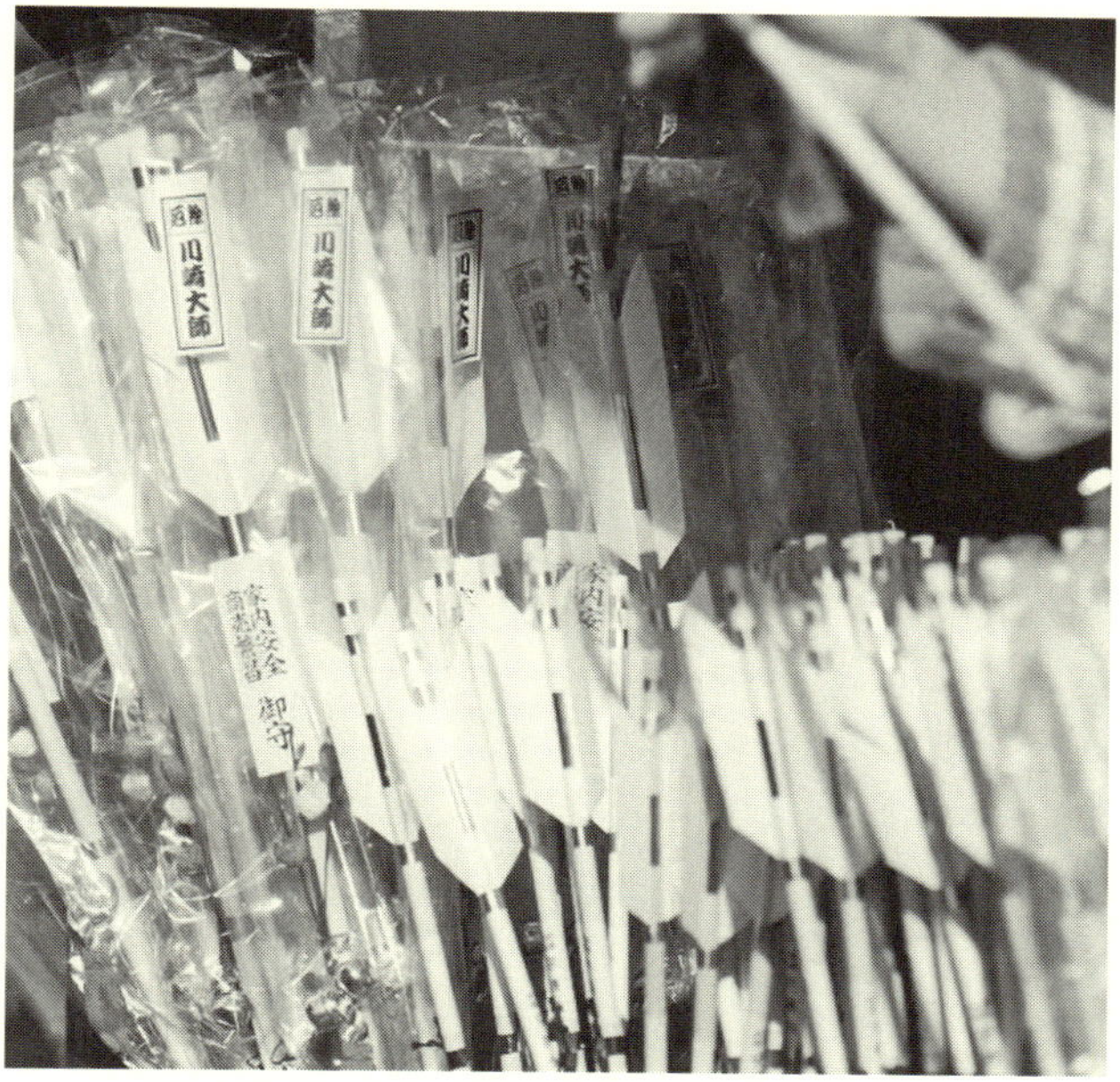

破魔矢

また矢は、古来悪霊を払う儀礼には多く使われてきた。例えば、現在でも節分行事では、矢で四方と真ん中（これは陰陽道の考えに基づく）を射るという儀礼が行われている。仏や経典に効果がなく、こうした民俗的な道具によって悪霊が退治されるという話の展開は、民俗を考えるものにとってはとても興味深いことである。

（橋本章彦）

悪所としての便所

花子さんはなぜトイレに出るのか

怖い話を聞いた後、必ず出てくる言葉が「一人で便所に行けなくなったじゃないか」である。べつに「一人でお風呂にいけなくなった」でも良さそうなものだが、そうは言わない。

海軍航空隊の下士官だった父からこんな話を聞いた。

軍隊内のつらい生活に耐えられず便所で首をつって自殺をした兵隊があった。それ以後、夜中に用を足しに行くと、扉のすりガラスに鉄兜をかぶった兵隊の顔がボーつと浮かんでくる。というのである。子供の頃、この話を聞かされた後、やはり便所に行けなくなってしまった記憶がある。当時の私が住んでいた家は、水洗ではなく、いわゆる「おとし」の形式だったが、べつに母屋と離れたところにあったわけではなかった。それでも怖くて入れなかったのである。

トイレの花子さんを例に出すまでもなく、便所は現代の怪談の中でも主要な舞台である。今は、ほとんどの場合、家の便所は建物の中にあり、また水洗である。だから、便所が怖いのは、母屋と離れていることや、「おとし」であったことだけが原因ではなさそうである。

このように幽霊や妖怪などの出現するような便所だが、「向こう側の世界」とつながるが故に、逆にそこからパワーを得て「こちら側」の目的を達しようとする習俗も存在した。

たとえば、かつて北部摂津地方では、ぜんそくを治すに際して、三組の夫婦から握り飯をもらい、それを便所でしゃがんでいる病人に食べさせるといったおまじないがおこなわれていたという。その際、「ぜんそくさん、今晩はここへお泊まりか」「はい、ここで泊まります」という問答が交わされ、食べ終わると後ろを見ずに飛び出したそうである。

以前に、すさまじい校内暴力にさらされていた学校があったが、トイレを美しく改装することで暴力が徐々におさまっていったという例を聞いたことがある。便所が、荒れた学校を改善することに意味を持ったのである。この事例は、便所が、校内暴力すなわち悪なるものを具現化する場として、象徴的な存在であったことを示している。便所は、いわゆる「悪所」なのだ。そうであるならば、そこに邪悪なものを呼び寄せてもおかしくはない。

いやはや、たかが便所、されど便所。あらためて考えてみると、なんとも不思議な力を秘めた、そして奥深い空間である。

（橋本章彦）

通路としての水

あちらとこちらをつなぐ

昔話には様々な動物が登場するが、蛇と狐はその代表的存在であろう。これらにかかわる話は、現在でも数多く採集することができる。むろん生物としての蛇や狐が、昔話の中で見せるようなあり方、例えば、人の言葉を話したり、あるいは人に化けたりするわけではない。それらは、あくまでも人が創りだしたものであり、いうならば文化としての動物であるわけだ。

一六世紀頃の『義残後覚《ぎざんこうがく》』という書物に蛇にまつわる興味深い話が載せられている。

岩井平四郎なる男が、旅の道すがら路傍の蛇の首を切る。そのとき平四郎の後ろから歩いていた僧がいたが、彼は不思議な光景を目の当たりにする。なんと今殺されたはずの蛇が、平四郎の後をついて行くのである。その晩、僧は同宿となった平四郎に「あなたの命は今夜限りですよ」と告げる。蛇は、復讐するために後を追っていたのだ。僧はそれを見抜いていた。あわてた平四朗は、蛇の祟りから逃れる方法を問う。僧は、小さな桶に水を入れて持ってくるように言い、呪文を唱えてしっかりと蓋をした。そして朝まで絶対にこれを開けてはいけないと告げる。次の朝になって蓋を開けてみるとそこには例の蛇の首が浮かんでいた。平四郎は、これによって蛇の祟りを逃れたという。

蛇は、こうしたハナシの世界では祟るものとして登場することが多いが、ここで興味深いのは、桶とその中に入れた水である。桶は、そのままでは単なる道具でしかない。しかし、その中に水が入ることで呪的性格が生まれているのである。この場合、水は明らかにあちらの世界との通路になっている。こうした水の性格を念頭におけば、姿見の井戸や鏡の池などの昔話・伝説なども より興味深く理解・鑑賞できることになろう。

（橋本章彦）

小野小町姿見の井戸（京都市左京区・補陀落寺）

杖とあの世

呪具としての杖

杖は、民俗学的に興味深い道具である。旅に必要であるという実用的な面だけでなく、呪的な物としても意識されていたからだ。ことに各地をめぐって修行をする僧侶の持つ杖は、そうした性格の中で捉えられる傾向が強い。

一般によく知られているところでは、空海の持つ杖があげられよう。空海が水のない土地にやってきて、地面を杖でつつくとそこから水がわき出た、という類の話を耳になさった方も多いであろう。これは、「弘法清水」と呼ばれる型の伝説で、日本各地に広く分布する。こうした話の中での空海は、歴史的人物としてのそれではなく、明らかに超自然的な存在である。言い換えれば、共同体の外部からやって来てなんらかの事業を成し遂げた後、また何処かへと去っていくという来訪神的な性格を持っている。空海の持つ杖は、彼が異界性を帯びる存在であるが故に、呪具となるわけだ。

そうした杖のイメージは、人々の生活とも密接に関わっている。葬儀の際、棺の中に杖を入れる習俗を持つ地域も多い。つまり、杖は生者が死者に持たせる道具でもあったのである。死があの世への旅立ちであることは、あらためて言うまでもない。

こんな話がある。

ある人が常日頃から高野山奥院の近くにある山へ行ってみたいと思っていた。ある日、彼は思い切ってそれを実行してみることにする。山道を上がっていくと頂上近くに小さなお堂があった。そっとのぞいて見ると、中では天狗と坊さんが碁を打っている。しばらくして、天狗が「勝った」と叫ぶ。その瞬間、いつの間にか手にしていた杖が折れてひっくり返ってしまった。その時、自分はどうしてここにいるんだろう、早く帰らなければならない、と思う。そこで急いで家に帰ってみたところ、家では自分のための葬式が行われていた。

これは、ある種の臨死体験譚である。彼は、あの世へと旅立っていたのである。杖が折れることでこの世に戻ってきたわけだから、杖はあの世への旅立ちを象徴的に表す道具であることを示している。

（橋本章彦）

四国遍路の杖

「うしろ」のこと

ぞくぞくする霊的な空間

『うしろの百太郎』というマンガをご存じだろうか。つのだじろう氏の代表作で、心霊による恐怖をテーマにした作品である。百太郎とは、普段は姿を見せないが、主人公である一太郎の危難に際しては、必ず現れ出てきて、悪霊たちを一刀両断に退治する存在である。こうした善霊は、一般に守護霊の名で知られている。しかし、なぜ百太郎は〝うしろ〟なのであろうか。

浮世草子《うきよぞうし》『好色敗毒散《こうしょくばいどくさん》』巻二に、「いずれも気味わるく、うしろが見られて、つかみたつるようなり」という文章が見える。

石灯ろうの〝うしろ〟から現れた生き霊に襲われた婦人が、介抱の人たちに自分が卒倒した理由を語った場面で記されているのだが、わけを聞いた人たちは、みな気味が悪く、〝うしろ〟に何かいるようで振り向きたくなり、体がぞくぞくしたというのである。〝うしろ〟は、何か霊的なものとかかわる空間であるらしい。

寺社の本殿のうしろ側には「後戸《うしろど》」と呼ばれる場があり、ここでは異界にまつわる話が多い。例えば、京都の三十三間堂には次のような不思議な話が伝えられている。

雑役僧が、夢に後戸の西南の方向の山から水が流れ出るのを見る。その時、土地の神である老僧が現れ、その水は功徳のある水であるから精進して飲むように言われて目が覚めた。果たして堂の背後の軒下に、霊水がわき出ていたというのである（『古今著聞集《ここんちょもんじゆう》』巻二）。

現実にも本堂のうしろ側に阿伽井《あかい》を持っている寺院は多いが、井戸はあの世と連続する境界的場でもあった。

また、昔話に「塩吹臼」という話がある。

とある兄弟がいた。弟は右に回せば何でも出せる臼を手に入れるが、兄がそれを盗み出し船で逃げる。甘いものを食べたので塩を出すが、止め方を知らないので塩の重さで海に沈んでしまった。臼はいまでも海の底で回っており、そのため海の水は塩辛いのだという。

この種の話では、弟が呪具である臼を手に入れる場所が、二股の辻（宮城県本吉郡）であったり、御堂の穴（現・岩手県遠野市）であったりして、いずれも境界性をおびた場所だが、その中に堂の〈裏〉の穴に小人がすんでいて、そこから臼をもらう話が採集されている（宮城県登米郡）。社殿の裏の穴については、各地の稲荷社などで比較的多く見られる。この穴を通って、神使である狐が現世と他界を行き来するのである。

人間にとって〝うしろ〟は、物理的な空間以上に〝見えない世界〟と連続した、その意味であの世との境界的な場でもあった。そんなことをこれらの事例は示しているようである。

（橋本章彦）

お地蔵さんの慈悲

人の弱さをやさしく包む

「かごめかごめ／かごの中の鳥は……」

子どもの時によくやった鬼遊びで歌う歌詞の冒頭部分である。この遊びが地蔵信仰と関係すると言えば、驚かれるであろうか。

地蔵ほど私たちに身近なホトケはないが、それだけに民間信仰の世界では、シャーマニック（呪術的）な性格を持つことにもなった。「地蔵つけ」と呼ばれるのがその代表で、人々が輪を作って「おのりやれ、お地蔵さま」などと唱えごとをし、真ん中においた人に地蔵を憑依《ひょうい》させる行事である。これが遊戯化したのが地蔵遊びで、それが「かごめかごめ」という遊びと類縁関係にある。

子どもの遊びにまで入り込むほどの地蔵だが、その人気の源泉は、やはり絶大な慈悲力の発揮にあった。鎌倉時代の仏教説話集『沙石集《しゃせきしゅう》』（無住、一二八三年）に次のような話が載っている。

駿河国に殺生を業とする男がいた。ある時、鬼に引かれて地獄に行く夢を見るが、日ごろ信仰する地蔵の取りなしで以後は殺生をしないことを条件に許される。

ひと月ほどは殺生をやめていたが、また生き物を殺すようになった。今度は病にかかって命を落とす。やはり地獄に引かれるところを「殺生はきっぱりやめます」と誓うことで救われる。

今回は一年ほどは不殺生を守ったが、いつしかまた誓いを破ってしまう。

三たび鬼に追い立てられる男を見つけた地蔵は、今度はそのまま通り過ぎようとする。男は無理やり地蔵のすそに取りすがった。そしてそのまま引かれていく。ついに鬼は地蔵に抗議する。「なぜこんな男を三度も助けるのか」。地蔵は言う「私は何もしていない。この男が勝手についてくるのだ」。

なんともユーモラスな話だが、地蔵の慈悲のあり方を表していて興味深い。頭では分かっていても、なかなか実行できないのが人の自然である。植木等のヒット曲「スーダラ節」の歌詞のように「わかっちゃいるけどやめられない」のである。

しかし、一方でそうした自分の弱さにもだえ苦しむのも、また人の常であった。地蔵は、そんな人間をよく理解しつつ救済活動をする存在なのである。人気の源は、こうした慈悲のあり方に求められるのかもしれない。

（橋本章彦）

生き物の「妖」

人魚の肉は白身？

不老不死の八百比丘尼伝説

人魚の肉は赤身か白身か、などという議論がネット上で行われているのに遭遇したことがある。これは、人魚を食して不老不死となった少女をめぐる八百比丘尼《やおびくに》伝説について語るところであった。この話は、北陸辺りを中心に広く分布していてファンも多いようだ。また映画『陰陽師』の冒頭部分で人魚の肉を食したことで永遠の命を得た小泉今日子さん演ずる青音《あおね》が登場し、広く知られるきっかけになったのかもしれない。いつまで経っても乙女の若さそのままの少女、現在なら女子高生ということになるが、いろいろな意味で善男善女の興味を引いたことであろう。

不老不死は今も昔も人類共通の願望であり、現代ではスタップ細胞などと複雑化している。得がたいものという点では人魚の肉も同じものかもしれない。

比丘尼は、結果在所に留まれず諸国を遍歴して「死なないことの辛さ、悲しさ」を語り、死にゆくことの安らぎを説いて回ったとされる。仏教は、「例外なく死ぬ」というところを前提にしているが、賢い坊さんがそれをひっくり返して死なないことの辛さから布教に結びつけようとしたのであろう。

しかし、このままでは話が終われない。八〇〇年を経て故郷に舞い戻った彼女については自殺説、悟ったことによる自然死説と諸説があるようだ。語り部にとっては、最後成仏してもらわないと都合が悪かったということであろう。比丘尼は成仏したから、今はいないということで話は丸くおさまる。

さて、人魚と言えば、ワイドショーなどでおなじみの「人魚のミイラ」。干物になっていても不老不死の効果があるかというと、これはまた別で古い寺院や旧家の宝物ということで紹介される。「実物」は雄弁。下半身は確かに魚、上半身は幼児のごときであり、なかなかのおどろおどろしさがある。「う～んすごい」というところでＣＭとなる。しかし、実物があるので「科学的解明」をすれば真相が知れるのだが、行われない。これらは、偽物であるという前提で見る者は楽しんでいるのである。

江戸期には、この手のものを売り歩く行商がいたそうだ。そして、サルとサケの干物を接合する工房が、中国にあったとか。田舎の金持ちをたぶらかす手合いは、今も昔も知恵をしぼるということだろうか。また、カッパや竜など干物になるのは、なぜか水に関係するというのも不思議なことである。

「人魚の肉は赤身か白身か」。わたしは白身だと思うが、諸兄はいかに。

（石田　禎）

蛇の祟り

道理を解する蛇

古今東西を問わず、文化的に最も影響力を持った動物をあげるならば、それが蛇であることは何人も異論はあるまい。人と蛇の関係の中に、日本人の「見えない世界」への思いをかいま見ることができる。

蛇と言えば、まずは「祟る蛇」が思い浮かぶ。『古今著聞集《ここんちょもんじゅう》』巻二〇（一二五四年）にこんな話がある。

ある女が、隣の女に教えられて穴にいる蛇を熱湯で殺した。暫くして、隣家の女は、「あつい、あつい」とわめきながら苦しみだす。験者《げんざ》をよんで祈祷したところ、蛇が現れ「どんなに祈っても駄目だ。お前が余計なことを教えたばかりに俺は殺されたんだ」と言う。やがて女は全身が焼けただれたようになって死んだが、それは奇しくも蛇が殺されたのと同じ日であった。

このように恐ろしい祟りをなす蛇であるが、実はむやみに人を害するわけではない。『沙石集《しゃせきしゅう》』（一二八三年）巻九「蛇ノ人ノ妻ヲ犯シタル事」は、その点で興味深い。

ある男が家に帰ってきた。その時妻は昼寝をしていたが、見ると一匹の蛇が彼女の体にまとわりついているではないか。男はすぐさま蛇を取り外し「本来ならば命を取るところだが、今回は許してやる」といって、棒で少し懲らしめてから山へ帰す。暫くすると山から何千という蛇が出てきて男の家を取り囲んだ。その中にひときわ大きな蛇がいて、その傍らに例の蛇も見えた。男は、頭領とおぼしき蛇にむかって「自分の妻を犯されたにもかかわらず特別の慈悲で許してやったのに、恨みを持って出てくるとは何事か」と一喝する。するど大きな蛇は、首をうなだれて、例の蛇を一噛みしたあと山へ去っていく。他の蛇も同じようにして囲みを解いて帰っていった。

歌麿『画本虫撰』の「蛇」

蛇の頭領は、自分たちに非があることを男の言葉によって知ったのである。蛇の祟りは、理由があってこそ人間に向けられるのだ、と当時の人々が認識していたことをこの話は示している。吉田兼好も『徒然草』に記すように「鬼神によこしまなし」（鬼神といえども正しき道を知る）なのであった。

（橋本章彦）

海の豊かなネットワーク

艶笑譚の伝播・変容

沖縄本島南西にある宮古島は豊かな神話・伝説を伝える島だ。小豆島ほどの大きさで、人口約五万人。二月にはプロ野球オリックス球団がキャンプを張り、四月はトライアスロン大会でにぎわう。沖縄本島との三百キロもの間には島影一つない。かつて、その海を越えるのは困難で、人々の交流は頻繁ではなかった。ことばが沖縄本島の方言と大きく異なっているのはそのためだ。

島の生活は厳しく、人々は自然や祖先の神々に祈り豊かな世を願った。いまでこそ豊かな地下水が農業用水に生かせるようになったが、昔は台風や水不足などで暮らしは不安定なものであった。海の活動は危険に満ち、また漁は神の意志に左右される。

島の神話・伝説のなかに、次のような聖地の始まりを説いた話がある。

ある漁師が釣り上げたエイの肛門が女性の陰部とよく似ていたため、そのエイと交わって海に放した。その後また漁に出ると、小さなエイが「お父さん」と呼びかけ、その子エイとともに竜宮に行った。漁師は歓待を受け、家に帰るとき望みの物が出る宝の壷をもらった。家の妻が不審に思って壷に口をつけている男に声をかけると、壷は白い鳥となって飛んでいった。その鳥が木に止まってもとの壷に戻ると、その地の人々はそこを聖地として祀ったという。

この話の伝承は一八世紀初めまでさかのぼる。人間と聖なる海の魚との婚姻という神聖な話のようにも思えるが、それにしては話の発端がエロチックで奇妙だ。

エイと交わるという類話は本土では、現在ほとんど見出されないが、奄美・沖縄地方では豊かに伝承されている。

しかし、だからといって奄美・沖縄地方特有の話ではないのだ。江戸時代初期の説話集『奇異雑《きいぞう》談集《たんしゅう》』や中期の歳時記『滑稽雑談《こっけいぞうたん》』にはエイと交わることを発端とする説話が載る。こうした話が古く本土に伝えられていたのだ。

戦前の山梨県旧上九一色村でも、四国の薬売りが伝えたものとして類話が語られた。これが本土で現在確認できるただ一つの事例である。海から遠い土地ゆえエイになじみがなく、この話では何の魚か不明のままに語られている。

この話はもともと、旅を生活とする人々が話の種として持ち歩いた珍奇な艶笑譚だった。それが奄美・沖縄の島々を伝い、はるかな海を越えて宮古島まで運ばれ、神々への信仰に篤い人々によって成長し、神聖な話として伝承されることとなった。

佐渡おけさや阿波踊りなどの民謡はもとは一つの歌謡で、江戸時代の船乗りたちがそれを各地に伝えたことがわかっている。この話からもはるかな海を渡る船乗りや商人たちの姿が浮かび上がり、海の豊かなネットワークが思われるのである。

（真下　厚）

蛸と薬師如来

神と考えた庶民の信仰のあらわれ

蛸を使ったファーストフードの日本代表はたこ焼き。その二大勢力は、大阪のたこ焼きと明石の明石焼き（玉子焼き）だ。その誕生は、それほど古くはないが、近畿地方では蛸を食べる文化はもっと古くからあったという。瀬戸内では蛸漁が盛んだったのだ。

兵庫県明石海岸から伊川谷という谷地形が北東へ延びており、その谷の突き当たりに太山寺（天台宗）という古刹寺院がある。本尊は秘仏の薬師如来。古代、明石浦の漁師が海中から引き上げた仏だという。太山寺の薬師如来は病気を治す霊験があらたかで、特に疣《いぼ》とり、章魚《たこ》とりに効くとして、蛸の絵馬を奉納する習俗が残っている。

蛸と薬師如来の結びつきは、薬師経などの経典にはまったく説かれていない。京都の蛸薬師如来（永福寺）の伝説に蛸と薬師如来を結ぶことがよくあらわれている。

その昔、善光《ぜんこう》という親孝行の僧侶が、病気の母親が蛸を食べたいというので、母親のために戒めを破って蛸を買ったが、まちの人々にそれを見られ、とがめられてしまった。危うく蛸を取り上げられそうになった時、善光が薬師如来に祈ると、その蛸の足が八巻の経典（法華経）に変わって辺りを霊光で照らしたという。

さらに「南無薬師如来」と唱えると経典は再び蛸に戻り、門前の御池に入り、瑠璃光を放って善光の母を照らすとたちまち病気は回復した。

それ以来、京都の人たちは尊崇の念を込めて、本尊を蛸薬師と呼ぶようになったといわれている。また、東京・目黒（成就院）にも有名な蛸薬師があり、薬師如来が海中から出現する際、蛸に乗ってあらわれたと伝えられている。ここでは「多幸薬師」と言って、蛸の吸盤で福を吸い寄せるというのだ。

蛸の足が八本、それが八軸の法華経になぞらえられるのは、法華経を根本経典とする天台宗の教義に基づき、庶民の論理を踏まえた聖の唱導によったものとみられる。日本の薬師如来には「峯の薬師」と言って山くさいものも多いが、蛸薬師のように海と関係する海くさいものも大変多い。薬師如来が仏教のほとけでありながら山の神や海の神とも考え、親しみをもって信仰した庶民のこころがよくあらわれている。

（加藤基樹）

新京極通り・蛸薬師堂（永福寺、京都市中京区）

殺生する仏たち

人々の神信仰へのこだわりと神仏習合

鎌倉時代は、仏教の大きな転換点だった。浄土宗や曹洞宗など現代でも身近な宗派のほとんどはこの時期に始まったものだ。それだけに一般の人々に古来根強く続けられてきた神祇祭祀との間に新たな問題も浮かび上がってくる。

仏教側は、早くから神と仏の関係をいわゆる神仏習合の考えで説明づけてきた。つまり仏は神であり、神は仏であると言うわけである。しかし、両者の祭祀方法は全く異なる。もっとも大きな違いは、神の供物には鹿や魚などの動物があることだ。むろん祭壇にあげられたときには死んでいる。一方、仏教は、殺生を禁ずる宗教である。そこで仏教側は何とかして殺生を伴う祭祀の習俗を絶とうとする。が、民衆は決してそれを改めることをしなかった。その主な理由は、昔から続けてきたことを止めれば、神の罰を蒙るかもしれないというものであった。そこで、こんな話が生まれることになる。『発心集《ほつしんしゆう》』（鴨長明、一三世紀初頭成立）などに載る説話だ。

ある僧が舟で琵琶湖を渡っていたところ、一艘の網船と出あう。見ると、取られたばかりの鯉が暴れているではないか。慈悲心をおこした僧は、自分の小袖を舟人に与え、鯉を貰いうけて湖に放してやる。僧は、良いことをしたと、寺に帰った。その晩の夢に一人の翁が顕れる。

下総飯沼の天神が親鸞に帰依して鯉魚を献上したとの故事（東京都台東区報恩寺の絵伝より）

とても恨めしい気色である。翁は「私は今日、あなたが放った鯉である。文句を言いたくてやってきたのだ」と告げる。僧は「礼を言われることはあっても恨まれる筋合いはない」と言う。翁は声を荒げ「せっかく賀茂神社の供え物となって仏と縁を結び畜生の身を離れることができたのに、おまえが余計なことをするから、また永く苦しまなければならないではないか！」。この言葉に僧は黙らざるを得なかった。

神仏習合を逆手にとって殺生による祭祀を認めてしまう話だ。今日、生き物は食べられてこそ成仏すると言うことも多い。人々の神信仰へのこだわりとそれを巧みに採り込んでいく唱導世界の論理、まさに仏教土着の現場を垣間見せてくれている話である。

（橋本章彦）

夜、笛を吹くと

音色の呪力

小学生のころ、日が暮れてからリコーダーを吹いて祖母に叱られた。晩に笛を吹くと蛇が来る、と。ゼミの学生にこの話をしたら、「僕はドロボウが来るといわれましたよ」、「笛じゃなくて口笛でしょ」などと、百花繚乱の俗信談義になってしまった。

じつは蛇と笛のかかわりは説話や物語の世界にも数多くの類話を残している。一六世紀の成立とされる説経節『小栗判官《おぐりはんがん》』では、理想の女性を求めて京の鞍馬寺に参詣した主人公の小栗が、笛の音の縁で深泥池《みどろがいけ》の大蛇と契りを結ぶ場面が見える。小栗の奏でる「とうひらてん、まいひらてん、ししひらてんといふ楽」の音に誘われ、池の主は美しい女に化身し、鞍馬の境内に姿をあらわす。異類との交情が噂となり、小栗は都を追放される。この英雄遍歴譚の発端に笛と蛇の不思議な因縁が語られていることは、我々の身のまわりに散らばる俗信と近代以前の物語の連続線を示唆する。

一方、笛と蛇の話の起源をさらに古い説話にさかのぼってみると、その原風景に中国伝来の舞楽曲「還城楽《げんじょうらく》」にまつわる伝承に行きあたる。

鎌倉初期の説話集『古今著聞集』巻二〇に「還城楽」の曲を吹いて蛇の難から逃れた舞楽の奏者・助元《すけもと》の逸話が載る。三尺余りの舌を差し出して助元を呑み込もうとした大蛇は、笛の音に聴きほれてついに襲いかかることをしなかった。助元は音色のバリヤーに護られたのである。

「還城楽」は別名を「見蛇楽《げんじやがく》」といい、中国西域に住む胡人《こじん》が食用の蛇を捕らえて喜ぶさまを表現した曲という。大陸伝来のこの曲に中世日本の人々は蛇封じの呪的霊力をかさねあわせ、新たな伝承を生み出したわけである。

『小栗判官』享保７年（1722）版（国立国会図書館蔵）

　もっとも笛の呪力は、蛇封じのみならず、恋の成就においても人智を越えた働きをみせた。義経もののひとつ『浄瑠璃御前物語《じようるりごぜんものがたり》』の一節に、鞍馬山を下りて奥州に向かう牛若丸が三河国矢作《やはぎ》宿で管弦をかなでる姫君と出会い、得意の笛を取り出して合奏する。二人の恋のはじまりを描く話のイントロダクションに、やはり笛の呪的効果が描かれているわけである。

　そういえば京の五条の橋の上で弁慶を翻弄する牛若丸の手にも名笛がにぎられていた。蛇ならぬ盗人に対しても「夜吹く笛」は呪力を発揮するのである。

（堤　邦彦）

あこや姫伝説

松の精霊との悲恋譚

山形県山形市に千歳山《ちとせやま》萬松寺《ばんしょうじ》という寺院がある。この寺院の境内には、「みちのくの三松」の一つに数えられる「アコヤの松」が植えられている。このアコヤの松には、人間と松の精霊による悲しい恋物語がある。

昔々、出羽国の領主・藤原豊充《ふじわらとよみつ》の娘に阿古屋《あこや》姫という、それはそれは美しいお姫様がいた。この阿古屋姫のもとに、夜な夜な通ってくる一人の貴公子・名取《なとり》左衛門《さえもん》太郎《たろう》がいた。二人は一晩中、笛を吹きながら愛を語り合ったという。

ある晩、いつものように名取左衛門太郎が阿古屋姫のもとにやって来た。しかし、いつもと様子が異なり、塞ぎ込んだ様子である。阿古屋姫は不思議に思い、

「どうされたのですか」

と名取左衛門太郎に尋ねた。名取左衛門太郎は辛そうな表情で、

「今日であなたと逢えるのは最後になります。実は私は人間ではありません。千歳山に植えられている松の精霊なのです。明日、名取川に架けられる橋の材料となるため、伐り倒される運命なのです。これまで楽しかったですよ。さようなら……」

と言い終わるが早いか、名取左衛門太郎は消えるようにしていなくなった。

驚いた阿古屋姫は、翌朝、千歳山へと向かった。すると、名取左衛門が言った通り、一本の大きな松が今まさに伐り倒されていた。この大木を大男たちが運ぼうとするが、ビクとも動かない。そこで阿古屋姫が大木に手を触れると、不思議なことに大木はスルスルと動き出し、無事名取川まで運ぶことが出来た。

その後、阿古屋姫は名取左衛門の菩提を弔うために、千歳山に小さな庵を建てた。これが萬松寺である。そして庵の傍に、若い松の木を植えた。阿古屋姫の名前に因んで、この松は「アコヤの松」と呼ばれるようになり、出羽国を代表する歌枕となった。

「アコヤの松」の評判は、都にも届いた。あの藤原《ふじわらの》実方《さねかた》も陸奥守として下向した際に、「アコヤの松」を探し求めたと言われている。

また、一説には、阿古屋姫は藤原豊成《ふじわらとよなり》の娘で、当麻寺《たいまじ》縁起で有名な中将姫《ちゅうじょうひめ》の妹であるとも言われている。父・豊成《とよなり》が流罪になった際、阿古屋姫は近侍の者と共に出羽国へと落ち延びた。不幸にして阿古屋姫は当地で亡くなってしまう。姫の遺言に従って、遺骸は千歳山に葬られ、傍には若松が植えられた。これがアコヤの松であるとも言われている。

（鬼頭尚義）

雀になった歌人

藤原実方のお話

平安中期、藤原実方《ふじわらのさねかた》という歌人がいた。眉目秀麗で、女性たちからの人気も高かった。あの清少納言と浮名を流したとも言われている歌人である。

ある日、殿上人たちが東山へ花見に出かけた。折も折、にわか雨に降られてしまう。殿上人たちは雨宿りをするために、右往左往していた。そんな時、実方は桜の木の下に入り、

桜がり雨は降りきぬ同じくは濡るとも花の蔭に宿らん
（どうせ濡れるなら、桜の木の下で濡れた方が風情があるよね）

と詠んだ。実方は花から漏れくる雨だれで衣服がぐっしょり濡れてしまったが、居合わせた人々は風流な事だと称賛した。

さて次の日、宮中では昨日の話で持ちきりであった。その場には藤原行成《ふじわらのゆきなり》もいた。行成はその話を聞いて、「和歌は素晴らしいですが、和歌の通りに行動した実方はおバカですね。」と言った。悪口はすぐ耳に入るようで、行成の発言は実方の知るところとなった。

また別の日、実方と行成は宮中で出会った。先日の悪口を恨みに思っていた実方は、手に持っていた勺で行成の冠を叩き落してしまった。しかし冠を叩き落とされた行成は怒ることなく、冷静に対処をした。実方は行成のあまりの冷静振りに驚いて、その場から立ち去った。

この一部始終を、一条天皇が御覧になっていた。一条天皇は行成の振舞いを絶賛し、行成を蔵人頭に抜擢した。一方で実方には「歌枕を見てきなさい」とのご命令を出して、陸奥守になさった。

陸奥守になった実方は、命令通りに陸奥国の歌枕を見て回った。ある時、実方は名取笠島（今の宮城県名取市笠島）を通りかかった。そこに神社があった。実方は村人に「あれは何の神様だ」と尋ねると、村人は「笠島の道祖神です。実方様も下馬なさいませ」と申し上げると、実方は「そんな下卑た神の為に下馬する必要はない」と言った。すると、神罰であろうか、急に馬が暴れだして実方は落馬してしまった。その時の傷がもとで、実方は亡くなってしまった。

遠い陸奥国で無念の客死を遂げた実方の魂は雀となって、都へと飛んで行き、更雀寺という寺院に住んでいたという。

ある晩、雀となった実方は更雀寺《きょうじゃくじ》の住職・観智《かんち》の夢枕に立ち、「私は藤原実方です。妄執のせいで雀の姿になってしまいました。どうかお助けください。」と言った。翌朝、観智が庭に出てみると、一匹の雀が死んでいた。観智は手厚く葬ってやったという。今も更雀寺には、実方の墓と「雀塚」と呼ばれる塚が残されている。

（鬼頭尚義）

稲荷こんこん相槌あはせ

今も昔も受け手が肝心

相手の話にふんふんと調子をあわせて打つあいづち。この言葉の語源を知っているだろうか。日本国語大辞典には「鍛冶などで師の打つ間に、弟子が槌を入れること。また、互いに槌を打ち合わすこと。」とある。話にあわせてふんふんと打つように、金属を挟んでコンコンと打つ。「あいづち」は、もともと金属加工の言葉なのである。

京都の平安神宮近くに相槌稲荷という小祠がある。路地奥の小さな祠ながら、能の演目「小鍛冶《こかじ》」ゆかりの稲荷として知られている。

相槌稲荷

平安時代、この地に宗近という刀鍛冶が住んでいた。ある時彼に天皇の御剣を打つべしとの勅命が下るが、「我に劣らぬほどの者の相槌仕りてこそ、御剣も打ち申すべけれ」と、しかるべき相槌がいない事に悩んだ宗近は、氏の神・稲荷明神へ祈念に訪れる。すると不思議な童子が現れ「安心して準備を始めよ」と言う。自邸に戻り準備を整えると、稲荷神が現れて相槌を務め、無事「小狐丸」が打ちあがる。

相槌稲荷は宗近が屋敷に祀っていた稲荷であり、稲荷のある三条広道が宗近の住居跡であると伝えられている。「小鍛冶」の物語は能に留まらず、お伽草紙や歌舞伎にも取り込まれた。

「小鍛冶」以前にも、神仏の加護によって宝刀を打ち上げる物語は数多あったが、あいづちのコンコンという音が狐の（稲荷の）コンコンという鳴き声とも重なり、狐（稲荷）の相槌譚は広まっていったのである。又、宗近の作刀も霊威を持った存在とみなされてゆく。特に有名なのは、日本三大祭の一つにも数えられる、祇園祭の長刀鉾《なぎなたぼこ》の長刀である（現在は竹製の長刀が据えられ、宗近作の長刀は秘蔵されている）。この長刀は宗近が、娘の病気平癒を祈願して八坂神社に奉納したと伝えられるものであり、疫病邪悪を払う力を持つという。長刀鉾は古来より「籤《クジ》取らず」の鉾と言われ、山鉾巡行の先頭と決められている。祇園祭は、疫病・厄災の除去を願って始められたという祭礼であり、その巡行の先頭が長刀鉾と決められているのは、宗近作の刀の霊威と無関係ではない。

さてあいづちに話を戻したい。優れた刀を打ち上げる為には、主に刀を打つものだけが優秀なだけでは不十分である、それが宗近の悩みであった。では、会話のあいづちはどうだろう。やはりあいづちの打ち方、聞く側の人間によって会話の内容が大きく変わって来るように思う。近年、阿川佐和子著『聞く力―心をひらく35のヒント』が発売と同時にベストセラーになったのは記憶に新しい。あいづち力は、今次第に意識されはじめてきているようだ。

（末松憲子）

生活に潜む不思議

「ふりむき」のパワー

あなたに私を伝えたい

ころは天文一七年（一五四八）、精霊をまつる七月一五日の夜更け、京都は五条京極での出来事である。

最愛の妻を亡くした失意の荻原新之丞が二〇歳ばかりの女をみかけた。「芙蓉《ふよう》のまなじりあざやかに、楊柳《やなぎ》の姿たをやかなる姿」を月明かりのもとで見かけた新之丞は、天女か竜宮の乙姫かと、猛烈に心を奪われてしまう。後になり先になり歩くうち、女が「うしろにかえりみて」ほほ笑みながらこう言った。「月につられて出てきましたけど、少し怖いわ。送ってくださいな」。怪談で有名な牡丹燈籠《ぼたんどうろう》の冒頭（浅井了意《りょうい》作『伽婢子《おとぎぼうこ》』巻三）だ。

新之丞は「魂とび、心うかれ」仲むつまじくなるが、最後は女の墓に引きずりこまれる。それにしても、そもそも荻原の心を奪ったのは、微笑をたたえ振り返るという女の所作であった。時・所の設定もさることながら、この「ふりむき」にこそ何か意味があるような気がする。

以前の吉原では、朝帰りの遊客が夕べの名残を惜しむように後ろをみた「みかえりの柳」があった。みかえるのは「しっぽりと七宝の枕しょく女かな」（『嵐山集』）と情こまやかに好き心を堪能できた通人だけではあるまい。思いが遂げられず、焦がれる心のまま、まんじりともせず夜を明かした男もいたにちがいない。それでもどうしても忘れられない、そんな気持ちも人を振り返らせる。

秋の紅葉に誘われて毎年多くの参拝者が訪れる京都東山の永観堂《えいかんどう》の本尊は、「見返りの阿弥陀《あみだ》」といわれる。行道念仏の最中、ふとわが前を行く本尊に驚き、永観は思わず足を止めた。そのとき、「永観遅し」と言って振り向いた慈愛にみちた本尊の目を、永観は見たはずだ。

振り向かれた人間は、相手からの強いメッセージに、わが身をふるわせ、時として救われ、事と次第で地獄に落ちる。そういえば、法事などで唱える文句の中で最後のものを回向文《えこうもん》という。新之丞の一族は雨の日などに寄り添って歩く二人の霊を鎮めるため経典を書き写して回向した。その功徳を「ふりむけ」られて二人は成仏できた。

（菊池政和）

みかえり阿弥陀如来（京都永観堂禅林寺蔵）

駕籠に乗る怨霊
なぜか重たい

惨殺された腰元の亡霊が井戸端で皿の数を数える。番町皿屋敷などで名高いお菊の怪談は、講談や芝居の世界にとどまらず、全国各地の口碑・伝説に語られている。伊藤篤『日本の皿屋敷伝説』によれば、それらの伝承地は四八カ所の多きにおよぶという。いずれも女霊の祟りによって主人の家筋が絶える名家没落の因縁にこの物語の定型がみてとれる。

一方、長野県松代町のお菊大明神をめぐる怨霊話には、背筋の凍るような後日譚が付け足されている。杉村顕道の『怪奇伝説　信州百物語』（一九三四年）によれば、天正の頃、上州沼田・真田氏の家中に小幡上総介という侍がいた、ある朝、飯椀に一本の針が入っていたことから腰元のお菊に疑いがかかり、裸にして蛇の入った風呂桶に押し込め、さんざんに折檻したのだからたまらない。「罪なき者を責め殺す人非人よ、末代までも祟って見せる」。恨みの言葉を残してお菊は悶え死ぬ。それからというもの、小幡の屋敷に夜毎に蛇に巻かれた裸形の亡霊が現れ、上総介を苦しめた。そうこうするうちに、真田家は松代に国替えとなり、上総介も主君とともに信州にうつることになった。

さて、行列が松代に着いた日のことである。駕籠屋に支払いをする段になって、なぜか代金が一挺分増えているではないか。そんなはずはないといぶかしく思い「いったい誰が乗ってきたのか」と訊ねる。「大層おやつれになった二一、二の美しい女の方でした。もしや、ご病人だったのでしょうか。」困惑する駕籠舁きの話を聞いた上総介は、真青になった。まさしくお菊の亡霊が一行にまぎれて松代まで尾行《つ》いてきたのだ。結局、小幡家は呪いのために滅び、屋敷のあった殿町の片隅にお菊大明神が祀られたと伝える。

どこまで逃げても、影のように付きまとう怨念のすざまじさを、駕籠の数の怪にからめて語る皿屋敷伝説の一挿話である。

駕籠に乗る女幽霊という話柄は、じつはこれにとどまらない。越前若狭の博物地誌『拾椎雑話《しゅうすいざつわ》』（一七六四年成立）に丹波の郷士・楠数右衛門の身辺に起きた霊異がみえる。

妻のお梅は体が弱く長煩いの末に亡くなる。しばらくして若い女を後妻に迎えると、祝言の場にお梅が姿をあらわし「挨拶に出」たので、妻は仰天し逃げ出してしまう。それからというもの、亡妻は化粧鏡の中にさえ姿を映すようになり、昼も夜も後妻を責めさいなむ。憔悴しきった若い奥方を駕籠に乗せて実家に戻そうとするのだが、二人分の重さで動きがとれなくなる。亡霊が無理やり駕籠に入り込んだのだ。高僧の祈りも効験なく元禄の末年には一族ことごとく滅びたという。どこまでも追いすがる亡霊の執念を駕籠の怪のリアリティーに凝縮してみせた話である。

松代の皿屋敷伝説と丹波の妬婦譚は、いずれも逃れられない底なしの恐怖というテーマが、江戸の地方奇談に根をはっていた事実をものがたる。

（堤　邦彦）

お二人さま？
亡霊と旅する男

逃亡する殺人者の背にしがみ付く血だらけの女。そして他人の目に幻視される亡霊の姿。そのような怪談話の一群は、江戸から昭和のはじめにかけて、怪異小説や芝居のタネとなり、さらに地方の口碑に流入してさまざまなバリエーションを生み出した。たとえば、杉村顕道『怪奇伝説 信州百物語』に載る「蓮華温泉の怪話」はそのひとつである。

白馬岳の山裾に一軒の温泉宿があった。明治三〇年ころの秋、道に迷った洋装の紳士が一夜の宿を借りようとする。亭主は気軽に男をまねき入れるが、何故か息子が「父ちゃん怖いよ」と泣きじゃくる。じつは紳士は女性をあやめて山に逃げ込んだのであった。追ってきた巡査に捕らえられ男が連行されたあとに、息子がつぶやく。

「父ちゃん、怖かったね。あれ見たろ」

「何を」

「何って、あの人が座っている時にね――」

「何かあったのかい」

「あの人の背中に、血みどろの若い女の人が迚《とて》も怖い顔しておんぶしていたよ」

恨みにみちた女の幽霊を連れて、殺人犯の紳士は逃亡していたのだ。

登山客でにぎわう明治の白馬地方に伝承された〈亡霊と旅する男〉の奇談は、岡本綺堂「木曽の旅人」（一九二五年）にも脚色されている。

一方、殺人者の背後に影のように連れ添う怨念といった筋立ての話を求めて説話史をさかのぼれば、すでに中国明代（一三六～一六四四）の勧善書『迪吉録《てききつろく》』に「王勤政」の怪談としてその源流が記されていることに気づかされる。

隣家の妻と密通し、駆け落ちの約束をするものの、女が夫を毒殺したことに怖れをなし、王はにわかに逃走する。ところが、旅先の宿で二人分の膳が出される。非業の死をとげた夫の霊が尾行《つ》いてきたのだ。人殺しの罪に怖れおののき、王は故郷に戻って刑死する。

「王勤政」の物語は、早く浅井了意の『勘忍記』（一六五九年刊）に翻訳されたのを皮切りに、井原西鶴『万《よろず》の文万古《ふみほうぐ》』（一六九六年刊）の「二膳居《すえ》る旅の面影」にさらなる虚構を加味した悪女と密夫のドラマを生み出している。

それればかりではない。同種の怪談は、殺生の科《とが》を声高に説く唱導僧の説教話にもとりこまれ、「王勤政」の末路を巷間の事件によみかえた仏教説話へと変貌して行くのである。長門国に起こった実話だとことわる『諸仏感応見好書《しょぶつかんのうけんこうしょ》』（一七二六年刊）の類話などは、地方寺院の説教に転用された「お二人様」怪談の実例といえるだろう。

こうした息の長い説話の伝播が杉村顕道の筆録した明治の山岳奇談へと連続していることを忘れてならない。

（堤　邦彦）

美顔の水湧き出る宝塚

女性の悪瘡治した温泉

宝塚歌劇団の所在地として知られる兵庫県宝塚市。市名は、「この塚のもとにおいて物を拾う者に必ず幸いが訪れた」という塚の伝説（『摂陽群談《せつようぐんだん》』等）に由来する。はじめはわずか〇・三平方キロのエリアの名前だったが、その縁起の良い名前が鉄道の駅名になり、温泉や歌劇団の名となり、人口二〇万都市の名へと出世した。

この地の中心・宝塚駅周辺に美顔の水が湧き出るという民話（『日本の民話』一四巻）がある。

昔、伊予志《いそし》村の長者の家に一人の洗濯女がいた。彼女は五〇を過ぎたころ急に顔が腫れあがり、醜い顔になってしまった。女は川向こうの中山観音に祈り続けていたところ、ある夜、観音さまが夢枕に立ち、「前世で長者の娘だったが、傲慢で召使いの女を叩いた報いを受け今世での悪瘡になった。治すには、鳩ヶ淵下の大柳の根元を掘り、湧き出た水を温めて顔を洗うとよい」といった。その通りにすると悪瘡はすっかり治った。女はお礼に柳の木で観音さまを仏師に刻ませたが、少しの間に観音さまはどこかへ行かれてしまった。この水が湧き出た場所が宝塚温泉だという。

宝塚温泉の開業は明治二〇年（一八八七年、当時は文銅屋など四軒）。温泉町の誕生としては新しい部類に入る。もともと、神戸の居留地に提供する牛乳の生産地を探す中で冷泉が発見された、という珍しい由来をもつ。

したがって、先の伝説は、宝塚温泉の宣伝も兼ねて、明治二〇年以降流布されたものだろう。この温泉町の余興として大正三年（一九一四）に誕生したのが、現在の宝塚歌劇団（宝塚少女歌劇団）である。

この話には原話がある。宝塚温泉から山を登った所にある、浄土宗塩尾寺の伝説である。こちらは、悪瘡を患った老女が夢告の通り大柳の下に湧く霊泉で身を清めた所、病が癒えた。老女が大柳で造らせた観音像がいまの塩尾寺の本尊である、という話である。この塩尾寺の観音御供水は、宝塚温泉の源泉でもある事から、温泉地ができてからは伝説を引用して宣伝に利用したのだろう。

昭和五年（一九三〇）に作られた「お、宝塚」（作詞・白井鐵造）には、

小さな湯の町宝塚に　生まれたその昔は　知る人も無き少女歌劇　それが今では　青い袴と共に　誰でも皆知ってる

という歌詞がある。はじめに観音霊験譚があり、次に小さな湯の町が生まれ、余興として始まった宝塚少女歌劇が今や百周年を迎えている。この地に古くから存在した伝説が、女の園宝塚に似合いの、美顔の泉の物語であったとは、不思議な偶然である。

（末松憲子）

くしゃみ

いにしえは不吉だったり吉だったり

寒い季節になるとクシュンとふいに出ることがある。するとあぶない、あぶない、暖かくして早く寝ようということになるが、この生理現象のことを古語では「はなひる」といった。『枕草子』には「にくきもの」として、「鼻ひて誦文《ズモン》する人」があげられている。クシャミをすると不吉だと考えられていたらしく、でもすぐあとで呪文を唱えさえすれば良いというので無遠慮にクシャミをする人は「いとにくし（とてもかんじ悪いわ）」と清少納言は言うのである。

その呪文というのが実は「クシャミ」だった。『徒然草』には、「はなひる」と死ぬというので、「クサメ、クサメ」と唱えるのだとある。「休息万命急々如律令《キユウソクマンミヨウキユウキユウジヨリツリヨウ》」という物々しい呪文が語源ということになっている。

この呪文は陰陽道から出たもので前半はクシャミの悪影響を防ぐ呪文、後半の「急々如律令」は、上の呪文が速やかに効力を発揮するようにという呪文で、ひろく使われた。現代にもあちこちで使われていて、たとえば写真は伊勢地方で正月飾りの真ん中に据えられる御札で、表は五穀豊穣、家内安全などと書かれている。

現代でも、「ハァックション！」とやって思わず悪態をつく男性を見かけることがある。強い言葉の力で危機的状況をはね返そうという伝統的作法に無意識に従っただけとも言えるが、清少納言の繊細な神経に触ったのは、こういうおじさんたちのことだったのかもしれない。

そもそも人間の体の中に納まっている生命の源である魂《タマ》は、ふわふわと不安定でともすれば体外へ出て行こうとする。そのイメージを具体化すると芝居に登場する火の玉になる。ふわふわと漂い出てしまったら病気になるか、そのまま戻って来なければおしまいである。ただでさえ不安定な魂が、クシャミによる激しい息とともに外に出てしまうことを恐れたのだ。

一方、『万葉集』には

今日なれば鼻のはなひし眉かゆみ　思ひしことは君にしありけり

という歌がある。先日来の眉が痒かったり、クシャミをしたりしたのは、恋しいあなたが今日来られることの前兆だったのですね、というくらいの意味で、これならむしろ喜ばしい前兆である。いずれにせよ近頃は、インフルエンザか、花粉症かという、いかにも殺風景なことしか連想しなくなってしまった。清少納言にはまた「いとにくし」と言われてしまいそうだ。

（西岡陽子）

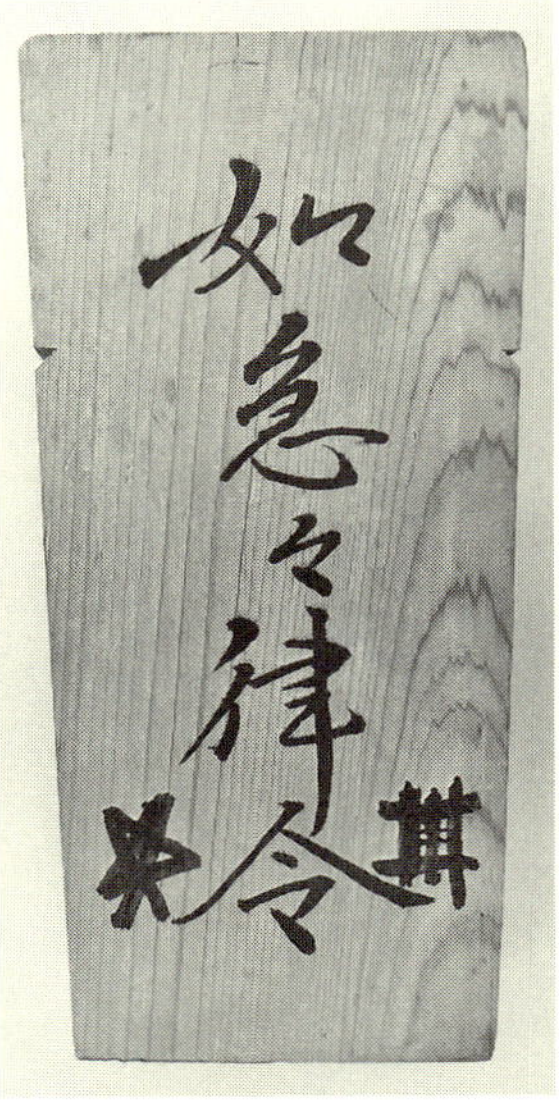

急々如律令

続・くしゃみ

命奪う鬼を追い払うおまじない

春といえば、元来は散る花を惜しむ季節であったが、今や散る花粉が気になるシーズンでもある。しづ心なく散る花粉のおかげで、せわしなく出るくしゃみに悩まされる方も少なくないだろう。

ところで、欧米ではくしゃみをした人に〝Bless you!〟（神のご加護がありますように）と言葉をかける習慣があるそうだが、日本でも昔、くしゃみをした時の決まり文句があったらしい。

鎌倉時代の随筆『徒然草《つれづれぐさ》』四七段に、こんな話がある。

ある人が京都の清水寺にお参りをしたところ、一緒になった老尼が、道中「くさめくさめ」と唱え続けている。何をそのように唱え続けているのかと尋ねても、返事もせずに唱え続ける。わけを重ねて問うと、老尼は腹を立てながら、こう答えた。「くしゃみをした時、このようにおまじないをしなければ、死ぬのだと申します。自分がお育てした、比叡山にいらっしゃる若君が、今にもくしゃみをなさるのではないかと思って、このように申すのですよ。」

くしゃみは、当時、不吉なものであった。息《いき》とはすなわち生《いき》であり、呼吸は生命そのものであると考えられていたため、強い息を吐き出すくしゃみは、早死にすることにつながると恐れられたのであろう。くしゃみは自分では止められないだけに、くしゃみをした後は、生命を奪う邪鬼《じゃき》を追い

絵本徒然草47段（東北大学附属図書館狩野文庫蔵）

払うためのおまじないをしなければならないと考えられたようだ。

『徒然草』にある「くさめ」という呪文は、生命を狙う悪鬼に対して「くそ食らえ」と罵倒《ばとう》する意味の「クソハメ」が語源だとする説、長寿を念じる言葉「休息万命《くそくまんみょう》」から転じたものだという説、名前を呼ばれるのを嫌う「クソハメ鬼」という鬼の名前とする説など、古くからさまざまな解釈が当てはめられてきた。

くしゃみをした時は、「誰かが良いうわさをしている」などとおちおち喜んではいられない。もしかすると、今にも鬼が、隙《すき》をうかがっているかもしれないのだから。

（雨野弥生）

まじない遊びの起源

伝染する穢れから自分自身を守る

冒頭から恐縮だが、誰しも一度や二度は、道ばたの犬など動物のふんを踏んだ経験があるだろう。子どものころ、犬のふんを踏んだ友人を見たとき「エンガチョ！」や「ビビンチョ！」などといいながら、指にサインを作った覚えはないだろうか。言い方は地域によって様々だが、なぜそんな遊びが生まれてきたのだろうか。

ある平安貴族の日記に次のような話が記されている。

ひとりの男が地方から京の都へ帰ってきた。彼は、そのとき一つの箱を預かっていたが、中身については知らないままであった。男は、帰京の報告のために京内の多くの知人のもとを訪れる。そんな帰京の慌ただしさも一段落したころ、男はふと箱のことを思い出す。彼は、箱のふたをそっと開いてみた。中をのぞいた彼は、自分の目を疑った。なんとそこに入っていたのは骨ではないか。

当時は、人の死に触れた場合、その人には不浄が生じ、また出会った人にもパワーこそ衰えるものの、その人に穢《けが》れが移ってしまうと思われていた。そのため通常三〇日間は誰とも会わずに謹慎していなければならないとされていた。知らぬこととは言え、男は、京中に穢れを伝

染させてしまったことになる。おり悪くそのとき神社の祭りの期日に当たっていた。穢れを受けた人が神祭りをするわけにはいかない。神は、清浄を好み不浄を嫌うからだ。そこでやむなく祭礼を延期せざるを得なかった。

この話から理解できるように、穢れは伝染するものと考えられていた。不浄な見えないパワーが人から人へと移っていくものとすれば、パワーの影響を受けないためには、自分自身にバリアを張れば良いことになる。「エンガチョ！」や「ビビンチョ！」はふんという汚物に触れることによって生じた穢れが、自身に伝染しないようにするためにバリアを張るまじないなのだ。それが証拠に一瞬「エンガチョ！」が遅れた子どもにふんを踏んだ子どもがタッチをすれば、今度は不浄がそっくりそちらへ移ってしまうことになっていた。そうして大概は追いかけっことなるのであった。子どものころの懐かしい思い出である。

（橋本章彦）

ちちんぷいぷいの謎

母の愛が伝えてきた知恵の呪文

小さい頃、けがをして泣いたりすると、母親が「ちちんぷいぷい、痛いの痛いの飛んでいけ」などと言いながらなでてくれた、という記憶のある方は多いのではないだろうか。

この「ちちんぷいぷい……」の呪文には、各地で様々なバリエーションがあり、

「ちちんぷいぷい　ゴヨーノオンタカラ」
「ちちんぷんぷん　黄金《こがね》さらさら」
「つつん　ぽんぽん　黄金さらさらさらほう」
「綾ちゃうちゅう　錦さらさら　おちょうのお宝持って来い　ぷふんぴんふう」

などが報告されている。

この「ちちんぷいぷい」の呪文は、意外なところにつながっている。「おなら」の音である。

全国的によく知られた昔話に、「屁ぴり爺」と呼ばれる話がある。

あるところに、一人の良い爺さんと悪い爺さんがいた。良い爺さんは、見事な放屁をやらかす芸を持つ、日本一の屁こき爺だった。あるとき、お殿様の前で放屁する芸をして笑わせてみせ、喜んだ殿様からたくさんの褒美をもらう。それを見た悪い爺さんがまねをするが、大失敗するという話

である。

この昔話ではたいてい、屁の音は「綾つつ、錦つつ、黄金さらさら」という美しい言葉で表される。屁の音が、けがをした時の呪文のバリエーションと一致を見るところには、謎めいたけがの呪文の意図を読み解くきっかけが隠されていそうである。

「屁ぴり爺」の屁の音が、綾錦や黄金で表現されるのは、臭いおならのにおいを、あえて美しい言葉で表すことで、実際のにおいのイメージとのギャップを楽しむ心理が反映されていると言われている。臭いものには蓋《ふた》をしつつ、蓋と現実との差を楽しむ場面なのである。同時に、汚いものや嫌なものを、あえて縁起の良い言葉で音声化することで、良いものに転じさせようとする言霊信仰も背景にあったのではないだろうか。

そう考えると、先に見た「ちちんぷいぷい……」という呪文のバリエーションも、痛みを打ち消す美しい言葉を声に出すことで、痛みや不幸を吹き飛ばそうという意味があったと見てよい。あの呪文は、言葉の力で子どもの痛みを少しでもやわらげようとする、母親の愛情によって今日まで伝えられてきた、知恵の呪文だったと言ってよいだろう。

（雨野弥生）

舞茸と踊り

語源いろいろ、踊りを誘うキノコ

秋の味覚といえば、栗、芋、柿といろいろあるが、それらを代表する「茸《きのこ》」について、不思議な話を紹介しよう。

平安末期の説話集『今昔物語集《こんじゃくものがたりしゅう》』のなかに、こんな話がある。

昔、京に住む木樵《きこり》が数人で北山にむかった。ところが、不覚にも道に迷ってしまい、山中にしゃがみ込んで嘆いていた。すると、どこからともなく四、五人の尼さんが踊りながら近づいてきた。木樵たちはこれをひどく訝《いぶか》しがり、尼たちに「どうして舞い踊りながら、山奥から出て来られたのです」と尋ねた。尼たちは「我々は仏に供える花を摘みに山に入ったのですが、道に迷い帰ることができなくなりました。空腹のあまり、山に生えていた茸を採って食べたところ、心なら

静原神社（京都市左京区）

ずとも急に踊りはじめたのです」と答えた。

木樵たちは驚き呆れたが、自分たちも腹を空かせていたので、尼たちからその茸をもらい食べてみた。すると、木樵たちもたちまち踊りはじめ、尼たちと一緒に笑いながら踊り続けた。それ以来、この茸を「舞茸」と呼ぶようになった。

じつに怪しげな話である。

この話は「舞茸」の語源を示すものである。むかし舞茸は、人里離れた山奥でしか採れなかった。そのため人びとは、山中で舞茸の株を見つけるとうれしさのあまり小躍りした。それで「舞茸」と呼ぶようになったという説もある。いずれにせよ、「舞茸」が人びとに踊りを誘うキノコであったことはたしかである。

なお、この話の舞台である京都・北山には、毎年秋になると、茸を神に供える神社がある。静原《しずはら》神社《じんじゃ》と、その御旅所《おたびしょ》の天王神社《てんのうじんじゃ》である。静原《しずはら》の里は、鞍馬街道《くらまかいどう》から大原《おおはら》へ抜ける道沿いの山間にある。この里を守る静原神社と天王神社では、秋の祭祀に、その年にはじめて採れた「松茸」を神饌《しんせん》としてお供えする。松茸は、神前の一の膳に三本立てられ、細い紙でくくられる。里人は、その年の豊饒に感謝して、神に「松茸」を捧げる。

京都・北山には、「茸」に関する逸話や祭祀が多くみられる。古くからこの地は、京の秋の食卓をかざる茸の産地であっただろう。


（鈴木堅弘）

連歌と世間話

禅宗の気分で「鳴かぬなら」

江戸時代の随筆集『耳囊《みみぶくろ》』は次のようにいう。

かつて信長、秀吉、家康が卯月、旧暦四月に出合った折に、そういうと、まだ時鳥の鳴き声を聞かないというので、それぞれあの有名な句であるが、

鳴かずんば殺してしまへほととぎす　信長
鳴かずとも啼かせて聞こふほととぎす　秀吉
鳴かぬなら鳴く時聞かふほととぎす　家康

と詠じたという。

『耳囊』は、それぞれの句が信長の「残忍」さ、秀吉の「広量」さ、家康の「温純」さといった性格を示している。連歌には、その人となりが自然と現われるという。

これらの句は、例えば「鳴かぬなら」とか、「鳴かせて見せよう」とか、「鳴くまで待とう」とか、言い伝えや文献によって小異はあるが、あまり大差がない。いうまでもなく、この三人は活躍した時代が違うから、そもそも一堂に会するはずもなく、この話はもともと作り話であり、いわゆる世間話である。

『耳嚢』の著者は、奉行職を歴任した根岸鎮衛《やすもり》という武士であったから、家康のことを「神君」と呼んで尊崇している。だから、最後に置かれた家康の句もって、さすがに家康だ、心構えが違うと話を結んでもよさそうなものだが、この話には最後にもう一人、紹巴《じょうは》という人物が登場して、

鳴かぬなら鳴かぬのも良しほととぎす

という句を付けたという。

鳴かないほととぎすには、何の価値もないのだろうが、この句は、前三者のもつ固苦しさを一挙に笑いに転換させてしまう。

里村紹巴《さとむらじょうは》は桃山時代から江戸時代に活躍した俳諧師で、茶人とも交流がある文人であり、『源氏物語』の注釈書も書いている。前三者が、武将としての、あるいは支配者としての思想を表現しているのに対して、紹巴の句はこだわりや執着を捨てた、自由な心境を示しており、思わず笑いを誘うもので、話の〝落ち〟になっている。と同時に、当時の武士たちの心得として信仰を集めた禅宗の気分がよく出ている。

（廣田　收）

「杜鵑《ほととぎす》」（『和漢三才図会』第42）

食と神仏

仏に供え、人にも施し、吾も飲む

近代の食生活をつづった文献を読んでいて驚いた。京都のある家ではすき焼きを食べる時、神棚に紙を張って神さまから見えないようにして食べたそうである。さらに、「これが面白いんでっせ。ステーキの時はかまへんので、すき焼きの時だけ紙を張るんですわ」と書かれてあった。多分、ステーキを食べるようになったのはずっと後の時代のことで、その頃には牛肉に対するタブー意識が薄れていたから神さまに見られても構わなかったのだろう。

明治四年（一八七二）に天皇が肉食を再開し、翌年には肉食が公認された。これは西洋料理の普及を図ったもので、外交上の問題からも必要不可欠のものとなった。肉食のタブーについて時代をさかのぼれば、九世紀頃から肉食が穢れとみなされるようになり、一一世紀頃から近代まで罪悪を

伴うような形で肉食の忌避が社会的に浸透していく。

そのような意識が根強い中、京都のこの家の食卓に新しいなまぐさが持ち込まれた時の反応の一つが、神棚を隠すという表現であった。もっともいつの時代の人々も全く肉を食べなかったわけではないが、この事例で注視したいのは、肉食を隠すという食と神仏の関係である。この家の者は、目に見えぬ大いなるモノの存在を認識し、神仏へ抱いた畏敬の念は、現代に生きる私たちよりも濃厚であることが感じられる。

グルメや個食、さらに空腹を満たせばよいという現代人の食生活は、欲のまま食べに食べ、廃棄される食料は年間約二千万トン。食前食後に合掌し、「いただきます」「ごちそうさまでした」という自分を取り巻くすべてのモノへの感謝の念も薄れてしまった気がする。

最後に茶道を大成した千利休の言行を後の人が書き留めた『南方録《なんぽうろく》』（元禄三年）の一文を紹介したい。「家はもらぬほど、食事は飢ぬほどにてたる事なり。これ仏の教、茶の湯の本意なり。水を運び、薪をとり、湯をわかし、茶をたてて仏にそなへ、人にもほどこし、吾ものむ」。茶の湯とは点《た》てたお茶を最初に仏にそなえ、次にお人に振る舞い、最後に自分がいただくことだという。茶の湯だけに限った話ではないが、我欲少なくあろうと努めた先人の言葉に触れると心が落ち着くのである。

（徳丸貴尋）

雷を怖がる話

強く生きるためには

誰でもある程度齢を重ねると、あまり怖いものもなくなってくるという。蜘蛛やゴキブリなどが怖いといったところで、たかが知れている。かつては、地震や親父と並んで恐れられた雷であるが、その圧倒的な迫力は、神の怒りの示現と理解されたことも納得できる。

根岸鎮衛《やすもり》の書いた『耳嚢《みみぶくろ》』に、次のような話が載っている。

長崎の代官であった某は、雷が嫌いでたまらず、家に地下室をこしらえただけでは気がすまなかったようで、さらに横穴を掘り、頑丈な石の部屋を造り、雷が鳴るとすぐにそこへ避難した。あるとき、某は公務で江戸に召されるが、留守の間におびただしい雷が自宅に落ち、せっかく造った厳重な石室はこっぱ微塵《みじん》に壊れてしまう。帰宅してその無残なさまを知った某は、江戸に呼ばれたことが幸運であったと感激し、それからは自分のもつ運を信じ、雷を恐れなくなったという。

他愛もない話であるが、昨今の天変地異を考えると、ひとごとではない。この地上において、いったい安全な場所などあるのだろうか。知人には、雷の録音を聴くと心が休まる、という輩もいるにはいるが、それは我が身が最初から安全にところに在るということがあってのことだろう。問題は、災害の起きたとき、自分がどこに居るかである。

実録菅原天神記（近代デジタルライブラリー）

それにしても、いったい彼は何を怖がっているのかというと、自分だけは助かりたい、ということだろう。牢固な家を建てることは、我が身の可愛さゆえだけの所業だったことは疑いがない。にもかかわらず、間一髪危難を逃れえた経験を機に、彼の雷へに対する恐怖感は薄らいでしまう。本人がどう考えたのかは分からないが、ここには生き方の逆転がある。自分は運が強い、天災を恐れてばかりいては生きていけないと。つまるところ、この話は、どこに精神的な平安を保つべくひとつの釣り合いをもって生きるかということが肝要だということを教えているように思われる。

（廣田　收）

京銘菓の由来

楽器それとも橋？

八橋。こう聞いて思い浮かべるのは、京銘菓の八橋だろうか、それとも『伊勢物語』第九段の三河八橋だろうか。三河八橋は古典の教科書によく取り上げられているが、それでも菓子を思い出す人が多いだろう。

京銘菓八橋は、琴の名手八橋検校《やつはしけんぎょう》にちなむ菓子と言われ、短冊の中心が膨らんだ形状は、琴の形を模しているという。井筒八ツ橋本舗の由来では、八橋検校がお米を洗うときに流れ落ちてしまう米を集めて煎餅を焼いたという、食べ物を大切にする姿が伝えられている。

対して三河八橋（愛知県知立市）は、「八橋と言ひけるは、水ゆく河の蜘蛛手なれば、橋を八つ渡せけるによりてなむ」と『伊勢物語』に描かれ、かつては湿地帯に八つの橋を渡した場所であった。在原業平はそこで満開の杜若をみて「から衣、きつつなれにし、つましあれば、はるばる来ぬる、たびをしぞ思ふ」と、「かきつばた」の五文字を織り句にして旅の心を詠んだ。尾形光琳《おがたこうりん》の「八橋図」に代表される、八橋と杜若の組み合わせはここから始まっている。

楽器を模した菓子と愛知県の橋。全く別物と思いがちだが、実は無縁ではない。聖護院八ツ橋総本店は八橋検校の由来を伝える老舗だが、「八橋」という文字の共通性から戦前はパッケージに「騎馬の在原業平像」を使っていたといい、現在も三河八橋を連想する杜若と橋をデザインしたパッケージを使用している。

また、本家西尾八ツ橋に至っては、琴ではなく三河八橋の伝説が菓子の由来であると言う。三河八橋には無量寿寺《むりょうじゅじ》という臨済宗寺院があり、ここの略縁起には、仏の加護で八つの橋を架けた女性の話が記されている。昔、若くして夫を亡くし女手一つで二人の子を育てていた女がいた。毎日働きに出る母を恋しがる子供たちは、ある日母のいる向こう岸へ渡ろうとして溺れ死んでしまう。悲しんだ母親は仏門に下り、念仏三昧の日を過ごすうち夢に僧侶が現れる。翌朝、僧侶の夢告に従って川の入り江に行くと沢山の材木が浮いており、川に橋を架けることが出来た、というものだ。この話を知った西尾八橋の先祖は、子を思う親心に心打たれ、この話をより多くの人に知ってもらおうと橋の形に似せた菓子を作った、それが八橋であるという。京都の土産菓子の由来として三河の寺社縁起を取り上げるとはいささか変わっっているが、西尾八ツ橋ではこの由来を漫画の小冊子にして商品箱に同梱している。

八橋検校の琴、三河八橋の橋、店によって様々な由来がある。今回名前を挙げた三店舗はいずれも創業一〇〇年をこえる老舗であり、それぞれの店の由来は、どれが本当かというより、もはや店ごとの真実と言っても良いだろう。

三河八橋の無量寿寺では、毎年五月にかきつばたまつりが開催される。この時には、京都から西尾八ツ橋も境内に出店している。満開の杜若を見ながら「花より団子」ならぬ「花も団子も」、と欲張ってみてはいかがだろう。

（末松憲子）

酒呑みの悪い癖

笑い話で茶化して失敗を戒める

最近では飲めない人に対して、無理に酒を勧めることはハラスメントだと考えられているから、歓迎会の席を用意しても、喜んでもらえるかどうかは分からない。むしろ、事前に分解酵素を御持ちかどうか、聞いておく必要がある。主賓が飲めない方なのに、飲める者ばかりが大騒ぎするのも気がひけて、なんとも酒の飲み方は難しい。

江戸の奇談を記した『耳囊《みみぶくろ》』に、次のような話を載せている。

ある年寄は酒を嗜《たしな》んでいたが、一度でよいからこの世の思い出に飽きるほど呑みたいと願う。某が、御安い御用だ、思う存分に呑めと。ある祝儀の折に酒を呑む機会を与えてくれる。ところが三升も呑んだところ、血を吐き気を失ってしまう。余計なことを言ったと某は後悔するが、年寄はあっけなく絶命してしまった。

弔いに身寄りの者たちが集い「今ごろあの世では何不自由なく暮らしているだろう」と祈祷師を呼んで口寄せを頼む。すると、年寄の霊が現われ「誠にかたじけない。長年大好きだった酒を思う存分呑めたので、うれしさは例えようがない」と話す。周りの者は「喜んだことはわかったが、その後どうしているのか」と尋ねると「その後のことは自分でもわからない」と返事した、という。

そもそも巫女《みこ》などは信用できないが、酒に呑まれると生きている時もいうは及ばず、死んでも前後不覚になるものだと『耳嚢』はいう。これがこの話の〝落ち〟になっている。

確かに酒を呑む友人にも、人生の余裕を楽しむように味わう者もいるが、親の仇に出会ったかのように潰れるまで呑む者もいる。こちらの方は、若い時はともかく、家族を養い責任ある立場になってもまず直らない。昔から日本には、酒の失敗を武勇伝として称賛する空気もあって、社会が酒呑みに寛容すぎたという問題もある。知人の某のように、飲むと最後は必ず泥酔して周りに介護をさせたうえ、人に自宅まで送り届けさせるのを常としているので、家人が「いつも主人の財布の中身は減っておりませんが、どなたに御負担いただいているのでしょうか」と気を遣って下さる場合はまだマシで、そういう人が立場のある方だと、仕える方はかなわない。酒の失敗を戒め、諭すのにはまっすぐ道徳を説くことは野暮《やぼ》であり無駄である。どっちみち酒呑みは下戸の言うことなど聞く耳をもたない。酒呑みが酒で命を落とすのは本望かもしれないが、記憶を失なわれてしまうのは周囲の者にとって誠にやっかいだ、笑話をもって茶化すしかない、と旗本《はたもと》であった作者根岸鎮衛《やすもり》は批評しているようである。

（廣田　收）

心にしみ入る話

猫の恩返し

江戸時代の猫と人

飼い主に従順な犬にくらべ、自由気ままなふるまいをする猫は、薄情で恩知らずなペットとみなされることもある。人間の都合でこのようなレッテルを張られてしまい、猫もはなはだ迷惑であろうと、猫にまつわる話をいろいろとさがしてみた。すると、江戸時代の文芸には、猫の恩返しの話が実に多くみられた。中でも、とりわけ江戸の人々の心を打ったのは、落語「猫定《ねこさだ》」の素材ともなった話であったろうか。江戸後期の随筆『宮川舎漫筆《みやがわのやまんぴつ》』（安政五年〈一八五八〉自序、文久二年〈一八六二〉刊、宮川政運《みやがわまさかず》）を見てみよう。

時は文化一三年（一八一六）の春、町人文化が盛行を極めていたころ、深川での話。

両替商を営む裕福な家に出入りする魚屋は、そこで飼われていた猫にいつも魚をわけ与えていた。しかしある時、魚屋は病におかされ長患いの床に伏したため、生活もままならなくなってきた。そんな折、ふと気がつけば誰の仕業であろうか、二両の金が置かれていた。それから

回向院　猫塚

ほどなくして完治した魚屋は、かの両替商を訪れてみたが、いつもの猫が見あたらない。訳を尋ねてみると、先ごろ二両の金が無くなるということがあり注意していたところ、飼い猫が金をくわえて出て行くので、先の二両もこの猫が盗んでいったに違いないとして、これを殺したという。それを聞いた魚屋は涙を流し、その二両の金は、病床に臥せるわたしを助けるために、猫が持ち出したのだと話した。かの猫は、いつも魚をくれる魚屋の恩に報おうとしたのであった。その後、猫は江戸の両国にある回向院《えこういん》に手厚く葬られたという。

現在も回向院の片隅にはこの猫を弔ったとされる塚が伝存する。

猫又橋跡に残る大正時代の欄干

自らの命を落としてまでも恩に報おうとした猫の美談は、実のところ文化一三年より一〇〇年以上も前の文献にはすでに確認でき、それ以来、繰り返し語り続けられていたようである。はやいところでは、寛延三年（一七五〇）刊行の『諸州奇事談《しょしゅうきじだん》』（静観房好阿《じょうかんぼうこうあ》）巻一「猫児の忠死」にみられる。また、文化六年（一八〇九）刊の合巻『復讐猫魅橋由来《かたきうちねこまたばしのゆらい》』（関亭伝笑《せきていでんしょう》）では、よく似た物語が敵討ちと絡められ、こちらは江戸に実在した猫又橋の由来に結びつけられている。

猫は恩知らずな動物ではない。縁側でまどろむ猫が振り返って言った。「薄情なのは人間の方である」と…。

（義田孝裕）

大根の効能

信心と報謝の象徴

兼好法師の『徒然草』六八段に書かれた不思議な話を紹介しよう。

昔、九州・筑紫に住む役人が大根を万能薬と信じ、毎朝二切れずつ焼いては食するのを日課としていた。そんなある時、かの邸に賊が押し入ったが、どこからともなく二人の武士が現われ、見事に追い払ってしまった。素性を尋ねると、二人は役人が日ごろその効能を信じて食していた大根の化身であった。

さほど苦労しなくても季節を選ばずあらゆる野菜や果物を口にすることができる現在の感覚からすると、大根は効能高き野菜の一つの選択肢にすぎない。『徒然草』に登場するこの主人公の役人にとって、大根は冬の数少ない栄養源であり、我が健康保持のため懸命に口へ運んだのであろう。大根の化身は懸命に自分を信じてくれる気持ちに報いようとして主人の窮地を救った、ということになる。ここから食に対する信頼と信仰の関係を考えさせられる。

一方、京都での話。時代は随分下るが、鳴滝《なるたき》の了徳寺《りようとくじ》にこんな縁起が伝えられる。浄土真宗の開祖親鸞がその晩年、関東から帰洛して当寺で他力信心の教えを説いた。その説教に随喜した人々が大根を煮てもてなし、親鸞はそれに応え、薄の穂で名号を書き残したという。別伝によれば、了徳寺の先祖は在家の老尼であったが、女人を救う阿弥陀の深い誓願を説く親鸞に深く帰依し、老婆が心尽くしのご馳走として大根をささげたということであった。仏の慈悲を深く喜んだ女性の、仏とそれを説く親鸞への報謝が大根煮の施しとなったのであろう。してみると大根は信心のあらわれであるのと同時に報謝の象徴ともなるわけだ。

意外なことに「大根」は仏教語としても機能する。かの有名な『正法眼蔵《しょうぼうげんぞう》』には「さしおかざる利機といふべし、大根といふべし」とあったりする。もちろん食用のそれを指すのではなく、仏の教えを悟るにすぐれた能力のあることをいう。女性がすぐれた能力を得て報謝の振る舞いをする。――『徒然草』で「もののふ」と表現された大根の化身は、実は二人の女性だったのかも、などとあらぬ想像をめぐらせながら、私もほのかに効能を信じつつ、好物のダイコンおろしで酒を飲んでいる。

（菊池政和）

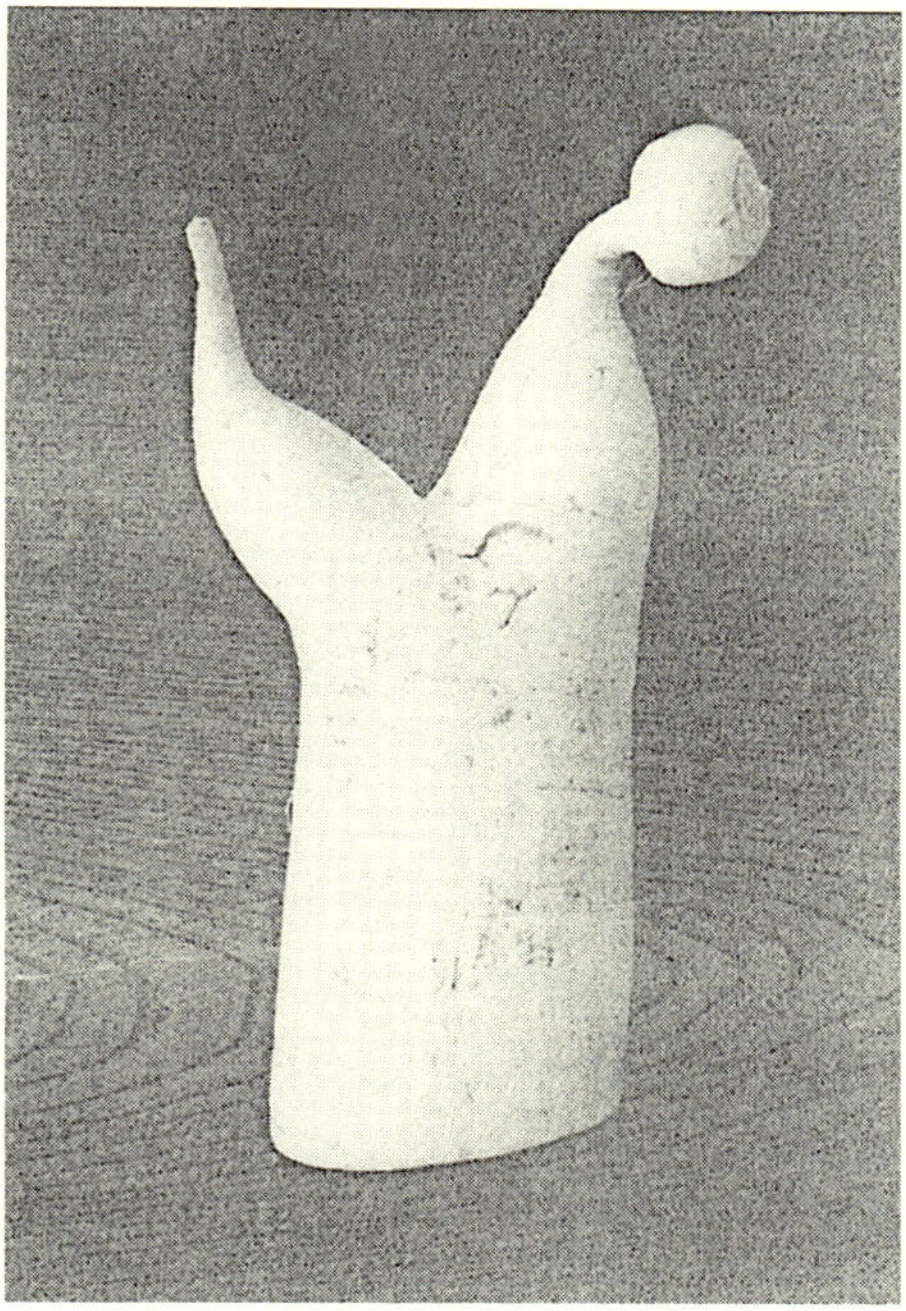

不思議な形の大根

落ちた葉に無常観

「朽ち果て」次なる命へ

わが子の焼き芋行事のため、落ちた紅葉を掃きながらふと思った。この落ち葉は、こうして掃かれて燃やされたり、捨てられるのだなあ、つまらないなあと。だが待てよ。この落ち葉はもともと木の枝にくっ付いて太陽からエネルギーをもらい、木に十分な栄養を与え、ついに落ちたのだが、じつはそれで終わりではなく、やがては土に返り、再び木の大切な栄養素となるはずだ。とすれば、落ち葉は次なる命を支えるものなのであり、決して捨てられるゴミではないのではないかと。

鎌倉時代の説話集鴨長明の『発心集』にこんな話がある。

神無月、かつての暦でいえば初冬十月も押し詰まった、木枯らしの吹きすさぶ寒い日のことであった。木々の葉が雨のように乱れ落ちしきるある日、父が息子にこうつぶやいた。「この木の葉の散るさまは、まったくわが身を見るようだな。春は若葉が燃え立つように生命力にあふれ、夏はその季節がもたらす繁りのように意気盛んに活動できる。しかし秋になれば紅葉が少しの風にも散るごとく老け込んでしまい、やがては冬のように朽ち果て我が身を終えることになるだろう。人生もまったくこの木の葉と同じで、つまらないものだ。だから、わしは法師になって木の葉のありさまを心に思い描き、念仏の日々を過ごし、極楽往生を遂げようと思い。

う」と。息子も父親の無常観に共鳴しておのおの庵を結び、朝夕念仏三昧の日々を送ったという。

我々は、その感情的なレベルではどうであれ命のつながりのなかで生きている。だから落葉し朽ち果てることがそのまま終わりを意味しない。むしろ朽ち果てることこそが、次なる命のありさまを象徴しているのではないのか。

この父親のように木の葉の赤く色づき落葉するさまに無常を観じ、出家の機縁とした、と考えることはたやすい。しかし、むしろわれわれは人生の中で赤く円熟することを望んでいるのではないか。その先にあるのは死か。子どもと落ち葉を拾いながら、今年はどんなおいしいお芋が焼けるかなと思うときどんな葉っぱを選ぶか、それは重大な問題だ。

（菊池政和）

その女、魔縁につき

受け入れる思想の柔軟性

「ある時は男になり、またある時は女になり、さまざまな姿をかりて、私はあの男の往生を妨げてきたのよ――ずっと昔から。それなのに一体いつ、その魔縁の存在に気づいたのかしら。残念だ、口惜しい」と口走り、いずこともなく姿を消した女。

平安時代に書かれた『拾遺往生伝《しゅういおうじょうでん》』にある話だ。女のもつ、いや女に限らず人間のもつ情念の生々しさがもろに伝わる。

ところで魔に魅入られたこの男はどんな男だったのだろう。彼は肥後の国の僧で、熱心な修行者であった。五〇歳を過ぎて女をそばに置いたが、心を乱すことなく専ら別室で修行生活を送ったという。死期が近づいたその日、僧を呼び、こう告げた。「わしが臨終に及んでも決して妻に知らせてはならぬ」。こうして男は魔縁に心乱されることなく往生できた。

僧としての戒めを破り、妻を娶りながら別居生活するくらいなら最初から一緒にならなければいいのに、と考えてしまうところだ。この時代では仏道修行者の純粋性を強調し理想化して描かれることが多いからだ。しかし、ことの趣旨は人の情念や清僧意識やらにあるのではないようだ。

この女の一件があったのは康平年中（一〇五八～一〇六九）とされている。奈良の興福寺や京都の清水寺の火災という聖地の灰じんを、人々が目の当たりにした時代だ。また、ほんの一〇年ほど前（永承七年）には末法の世に突入すると信じられ、わが国は仏教の、精神の危機を迎えてもいた。仏道修行することも、正しく悟る事もできず、形ばかりの教えが残るだけなのだ。この末法意識には、その時代の危機と絶望のなかで、人間そのものへの不審があった。

鬼女となる妊婦（『観音経和訓図会』）

修行者は年配になり、あえて女を近づけた。そしてその女に触れる事もなく修行に励み往生を遂げる。魔縁を排除し、遠ざけるのではなく、むしろそれを受け入れた。人間のたとえを使って、仏教という思想の時代的な一つのありようをみた話であった。ここに思想の柔軟性を嗅ぎ取りたいものだ。理想を盾に排除の論理がまかり通る現代において、もう一度、我が身を振り返るのに好都合な話ではないか。

（菊池政和）

自業自得

悪業を積むと自ずと結果は不幸に

ブータンは、世界の屋根といわれるヒマラヤ山脈の東端に位置する小さな仏教王国。面積は、日本の九州をひとまわり大きくした程度で、人口は約七〇万人である。

人々はチベット仏教の敬けんな信者であり、死後の世界を信じ、善業を積む功徳によって、輪廻を繰り返す仏教世界観のなかで少しでも来世の境遇をよくしたいという姿勢が貫かれている。したがって、悪業を積むと自ずとその結果は不幸なものとなる。この民話は「大工と絵描き」というタイトルが一般的である。

むかし、ある国に二人の優れた職人がいた。一人は大工で、もう一人は壁画を描く絵描き。新国王の宮殿を建設するにあたって、この二人は仕事を受け持つことになった。

絵描きは、新国王から褒めてもらいたい一心で、大工を打ち負かしたいと思っていた。ある日、新国王のもとへ参上し、「夢の中で前国王が登場し、私に天国の宮殿の壁画を描いてほしいとお命じになった。そして、翌朝、目をさますと手紙が置いてあった。」と言った。絵描きが新国王に差し出したその手紙には、地上と同じ宮殿を作るために大工を天国に送ってほしいと書かれてあった。

この手紙を信じた新国王はすぐに大工を呼び、天国へ旅立つことを命じた。しかたなく大工は、薪の山のなかで白い煙となって天国へ行く場所を、自分の家の隣の空き地にしてほしいと頼んだ。

そして、家に帰った大工は、家の床下から薪の山まで、必死に地下に穴を掘りはじめた。

天国へ行く儀礼が始まると、大工は道具を持つて、薪の山に座った。火がつけられ煙が辺り一面を覆い隠すと、大工は地下道を通って自分の家へ逃げ帰った。見物人たちは大工が白い煙とともに天国へ昇って行ったものと信じていた。

それから一ヶ月、大工は家に籠り、毎日のように牛乳風呂に入り続けた。死人のような顔色に変わった大工は、手紙を携え、新国王のもとを訪ねた。

前国王からの手紙には、大工の建てた宮殿はすばらしいものであった。そこで大工を地上に送り返すので、次に絵描きを天国に送ってほしいと書かれてあった。

新国王は、すぐに絵描きを呼び、今度は絵描きの家の隣に薪の山が用意された。絵描きは策を講ずるすべもなく儀礼の当日を迎え、燃えさかる火の中で苦しみながら息絶えたという。

これはまさしく自業自得であり、ブータンの民話には、このように善因善果、悪因悪果の理を学ぶものが多いのである。

（本林靖久）

後悔先に立つ？

死ぬまでの生き方が大事

ブータンの人々の多くはチベット仏教の敬けんな信者であり、死後の世界を信じ、善因善果、悪因悪果という因果律は、連綿と繰り返される輪廻の永遠なる時間のなかで生じるものと考えている。したがって、現世の悪業は、死を待たずに現世でその報いを受け、善業も同じく必ず現世の幸福に結びつくという、現世利益的な傾向のなかで生じるものではない。民話もそうした背景を踏まえて理解する必要がある。この民話は「ヤツガシラの夫婦」。

むかし、ブータンの森に、冬支度をするヤツガシラの夫婦がいた。雄が食物を集め、雌は巣で食料を整理していた。ある日、雌はえんどう豆を一粒、あやまって岩の裂け目に落としてしまった。雌はその実をくちばしで取ろうとしたが取れなかった。夕方になり、雄は仕事から帰ると、えんどう豆が一粒足りないことに気づいた。雄は疲れていたせいもあり、つい腹がたち、雌をくちばしでつつき始めた。その結果、雌は死んでしまった。

雄は自分のしてしまったことの重大さに気づき深く悔んだ。そこで、せめて妻を安らかな場所に葬ることを考えた。

早速、雄は冷たくなった雌を背負い、旅に出かけた。何日も飛び回り、ようやく高い木を見つけたが、数羽のハゲタカが上空を舞っていた。そこで、再び雄は妻を背負い飛び立ち、広い草原の岩を見つけた。しかし、ここにはネズミがいた。次に広大な川の土手にたどり着いたが、今度は魚たちが泳いでいた。

疲れ果てて雄は、ついに思い出の巣に帰ろうと決心した。

妻を背負い巣にたどり着いた時はすでに春だったが、巣の中には岩の裂け目に落ちた一粒のえんどう豆が芽を出し、葉を広げ花を咲かせていた。雄は動けず、愛する妻を死に追いやった罪の重さと寒い冬の長旅の疲れのなかで、冷たい妻のそばによりそうように息を引き取った。

この民話は、一見すると後悔先に立たずと言える内容だ。しかし、ブータン人にとって、今（この世）の行いの結果が必ずしもこの世で具体的に現れるわけではない、という永遠性のなかで生きている。ブータン人は、雄が悔い改め、妻の死後にとった行動により、この夫婦は永遠なる輪廻の世界で、再び出会い、幸せに暮らすことになると考えている。

ブータンでは後悔は先に立つのであり、この世において大事なことは、死ぬ時までをどのように生きるかである。

（本林靖久）

不利な交換

幸福のカタチはさまざま

日本の民話には主人公が次々と「有利な交換」で幸福になる『わらしべ長者』のような話がある。ヒマラヤ山脈の東端にある小さな仏教王国ブータンには「不利な交換」一般的には「ヘレヘレじいさん」というタイトルの民話が伝わっている。

むかし、ある村の人気者、ヘレヘレじいさんがソバ畑で働いていた時のこと、切り株を掘り出していると、大きなトルコ石が出てきた。「これを売れば金持ちになれる」と喜びながら市場へ向かった。だが、途中で次々と村人に出会い、トルコ石を交換してしまった。

三度目の交換の後、ヘレヘレじいさんは、男が楽しそうに心の思いを唄いながらやってくるのに出会った。その男に「聞いておくれよ。畑からトルコ石が出てきたんだよ。それが立派な馬になり、その馬が老牛となり、その牛が羊になり、そして、羊が鶏になった。そこで、あんたの歌をこの鶏と交換してくれないかい」とヘレヘレじいさんは、うれしそうに話した。そして、男に鶏を渡し、自分は幸せな心のうちを歌にした男の歌詞を口ずさみながら帰っていった。

このような「不利な交換」を「ヘレヘレじいさんのようだ」と、ブータン人は親しみをこめて語る。

ブータン人は、物やお金を少しでも多く手に入れることが幸せだと思っている人が多いこの世で、他人に惜しみなく施すことが幸せなことだと考えている。そこには輪廻転生を信じ、永遠なる時間のなかで、日常における功徳を積む行為が、来世への幸福にもつながると信じていることも背景となっている。

この民話からは、日本人と違う幸福のカタチがあることを気づかせてくれるのである。

（本林靖久）

ブータン・パロ地方の谷間の村々、標高約2300m

畑から鋤（スキ）と馬鍬（マンガ）を持ち帰る農夫

無心なる信仰の話

手を合わせることの大切さ

遠藤周作の小説『沈黙』には、西洋から来た伝道師パードレが、日本人の信仰について違和感を持ったことが描かれている。例えば、日本人はデウスを大日如来と同一視しているのではないか、と。しかしながら、これはしかたのないことでもある。それまで知らなかったものを、すでに知っているものを基準として理解するということは異文化理解の基本であるからだ。

考えてみると、自分は無宗教・無信仰だと漠然と感じている人でも、無意識のうちに宗教的行動をしていることはある。たとえば、沖縄と縄文文化とを愛した芸術家岡本太郎は、日本人の風呂好きや、手を洗う所作には、古代以来の禊の伝統が生きている、と述べたことがある。つまり、神道的思惟にもとづく行動の上に、病原菌を水で洗い流そうという医学的習慣が重ねられているというわけである。だから、仏教が導入されても、古い思想は生き残る。新しい思想は常に、取り換えられる意匠であり、しばしば古い地層が露呈してくるのである。

鎌倉初期に成立した『宇治拾遺物語』の中に、次のような物語が載っている。

昔、某が訪れた筑前国に「つねまさ」という男と「まさゆき」という従者がいた。

「まさゆき」は、仏を作り供養したいと考え、同輩や近隣の者を集めて酒宴を催し饗応した。

そのとき開眼供養の講師に呼ばれた僧が、これは何という仏様か、仏様に応じて読む御経も異なるから何仏なのか教えよ、と「つねまさ」にいうと、なんと自分は知らないと「つねまさ」は答えた。「まさゆき」なら知っているだろうと呼んで尋ねると、なんと彼も知らないという。某がそれでは、彫った仏師なら知っているだろうと思って仏師を尋ねると、仏師も知らないといい、むしろ講師の僧なら知っているだろうといったという。

これもまた笑い話の形をとっているが、簡単に笑えないものがある。

ただし著者は、この物語を語ったあとで、「こんな珍妙なことがあるのだ」と批評する。『宇治拾遺物語』の著者は、下流の貴族か新興の武士かとされているが、今もって未詳である。

彼は仏教者ではないようだから、仏教の教理や教学を云々する僧籍の側から語ってはいない。経典か信仰か、どちらが重要かと尋ねれば、彼はおそらく仏教の何たるかを自分は知らないが、信仰することは大切だというであろう。著者は、仏の名に頓着ない彼らを決して愚かな人々だと嘲笑しているわけではない。何仏なのかということはよい、むしろ信仰する気持ちこそ大切だ、と逆に訴えているように見える。

（廣田　収）

薄《は》拘《く》羅《ら》のおかあさん

母親の気持ちと息子の気持ちと

仏弟子薄拘羅《はくら》の幼少期はひどく辛いものであった。後添いの母が薄拘羅を憎み、その行為は酷虐を極めたから。

たとえばおなかをすかせた幼い彼に行儀の悪さを詰《なじ》り、ある時は熱した金網の上に乗せ、そして煮え立った釜の中に放り込んだ。また、川へ洗濯に出た母を慕い後について行った薄拘羅をいきなり水中に投げ込む。やがて彼は大魚に飲み込まれてしまった。その晩心配する父親に妻は素っ気なく言う。「さあ、どこへいったのかしら。そういえば宵の頃からみえなくなったわねえ」。憂いに沈む父親は思いがけず我が子に巡り会うことができた。客人のために用意した魚の腹から出てきたのだ。

薄拘羅は金網に焦げず、釜に爛《ただ》れず、溺れ死にもせず、魚に呑まれても消化されず、料理刀にも傷つかないという不死の果報を得ていた。そればかりか高僧となり、一六〇歳の齢を重ねてもなお病に見舞われるということがなかった。このような無病長寿の果報を得ることができたのは、その前世において頭痛に悩む一人の比丘に薬を施した功徳によるものであった。

ところで、彼がここまで母親から徹底的に憎まれるには理由があった。薄拘羅は三つの大願をもって出家したのだ。それは女子の顔を見ない、女子から施しの衣を受けない、女子から直接与えられた食をとらないというものであった。彼はその誓いを固く守り、山まで訪ねてきた母親でさえ拒絶したのだ。それを深く恨んだ母親は、「こんなに愛する母の気持ちがわからないような者は五逆の罪人に等しい。未来の世には継母となって思い知らせてやる」と胸に誓ったのであった（浅井《あさい》了意《りょうい》『阿弥陀経鼓吹《あみだきょうくすい》』による）。

仏道修行のために女性ばかりか肉親さえも遠ざけたという話は苅萱の物語として伝えられている。しかしながら、苅萱道心の払った代償は一家離散など、これまた大きかった。これと比べると薄拘羅の場合は少々事情が違うようだ。

一途であるがゆえに蒙《こうむ》る不利益。これは、現代に生きる我々もしばしば見聞する事実だ。正直者がバカを見るというのが世の中の現実だ。薄拘羅を引き合いにして考えれば、もう一つ厄介な課題が浮かび上がる。それは、人間関係であり、もっと絞ると親子関係であり、さらに限定すれば女性への心遣いに関する問題である。「母親ならば息子の出家は喜ぶべき事。会えないのも立派なお坊さんになるための試練」と書けば優等生の答案になる。しかし現実はこうだ。「母親ならば会えて当然。こんなに心配しているのに会わないとはなんて薄情な子だ」と。

男の端くれである小生はこれから人生をどう処していくべきか。薄拘羅の物語をもう一度、しみじみとかみしめておきたい。

（菊池政和）

食と母の愛

食事は自己認識の重要な行為

戦前の食卓作法に呪文のような言葉があった。

鶴亀の齢願わば箸取りて、つるつる飲むなよくぞかめかめ

干し蛸や乾物、お米にしても昔は堅い食べ物が多かった。だから「一生懸命噛みなさい」と母親は子どもへ言い続けた。この他、箸とお茶椀の持ち方をはじめ、いろいろと食事中に怒られるから味もわからなくなるなど……私どもは食事の時間が憂うつで仕方がなかった。しかし、これも今から思えば親の愛情そのものだったと気づく。

そもそも人は、生まれて間もなく乳を与え、守ってくれる一番身近な存在、すなわち母性を認識することで自我が確立されていく。未熟な脳が発達する乳児期において母という絶対的な存在は、自分を認識するための合わせ鏡である。もし不幸にして乳児と母の交流がなく、愛情を受けられないままでいると、自我の不確立に一生苦しむこともおこりうる。

例えば、里親に預けられた被虐待児が、いったん里親を信頼すると突然、幼児退行が現れるという。幼児期に受けられなかった愛情を得るために、里親との間で親子の関係構築をやり直そうとし、

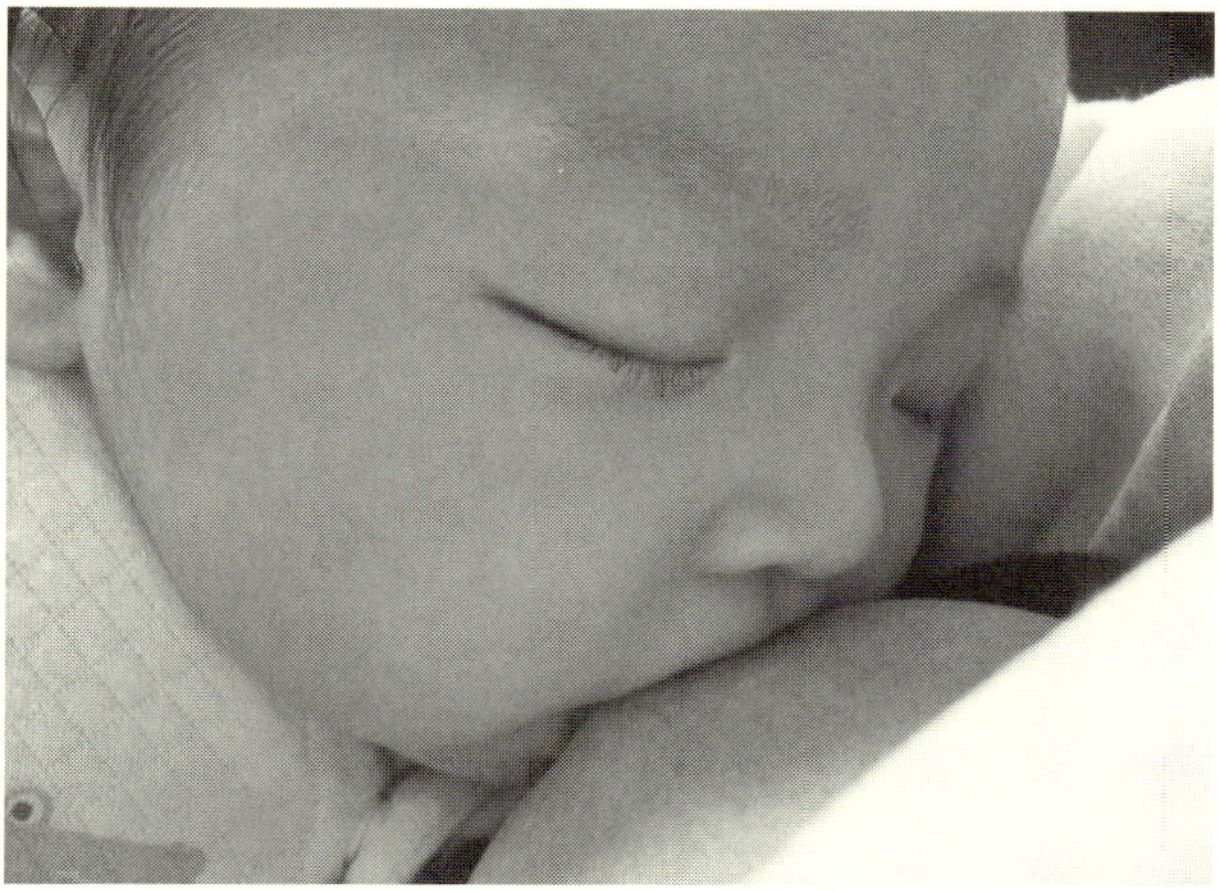

やがて精神の安定に至るという例がある。肉親に否定されてきた歳月をそのまま空白にしていたから、歳相応の自我を成長させる土台が作れなかったのである。

現代は青少年による犯罪が社会問題となっているが、その根底には親の子どもに対する愛情の希薄化がある。それは家庭での食生活も然りである。食卓には加工食品が増え、家庭料理の出来ない母親が急増。その結果、独りで食事をとる孤食、家族が別々のメニューで食事をする個食など、家庭食も大きく変化してしまった。

私たちが毎日とる食事は自己を認識する重要な行為である。それを日々無意識に「あ〜、ご飯がおいしい」と喜べるのは元をたどれは、記憶にない乳児の頃から母の愛が順調に与えられた証しである。

（徳丸貴尋）

時を止める装置

去りがたくするもの

「後ろ髪を引かれる」とは、あとに心が残って去りがたいこと（『大辞林』）をいい、心が残って去るに去れない気持ちをいう。別れがたき人との別れを、明るい列車内と薄暗いホームとのあわいに感じた経験を持つ人も少なくないであろう。立ち去る側も残る側も、等しくまばゆい時間の中に取り残され、何とも言えない淋しさにとらわれる。出会いの喜びと不安はいつも交錯して落着かない。心が残って去りがたくする原因として「時間《とき》」を考えることはできないであろうか。去りがたい時間にストップをかけ、秘めた心の拠《よ》り所とする、そんな我が身を何かの拍子にそっと想像することがある。小泉八雲の書いた怪談「葬られた秘密」と題する話を紹介しよう。

ずっと以前、金持ちの商人の娘・お園は父の言う通り、京都で上品な芸事などをしつけられ故郷へ帰ると間もなく縁づいた。男の子が一人誕生したが、お園は結婚して四年目に病死してしまった。葬式の済んだ晩からお園は二階の箪笥の前でたたずむようになった。その箪笥はお園が使っていた装身具や衣類が入ったままだったので、檀那寺へそれらの品が納められた。引き出しはすべて空になったはずであったが、お園は毎晩箪笥の前に戻ってきた。

そこで檀那寺の和尚がその部屋で待つことになった。夜半に現れたお園はもの思わしげに箪笥をじっと見つめている。和尚は彼女にこう提案した「この箪笥には気がかりなものがあるんじゃろ?わしが探してあげようか」。すると一番下の引き出しの敷き紙の下に一通の手紙が見つかった。「この手紙は焼いてあげる。安心しなさい。わし以外は決して誰にも読ませないからね」と約束をするとお園は二度と現れなくなった。そして手紙は焼かれ、和尚もやがて死にその秘密は葬られてしまった。その手紙はお園が京都修業中にもらった恋文であった。

お園にとって、箪笥の中の秘密が成仏の妨げとなっていたのであろう。ここで手紙は時間を止める装置として働き、どうにも娑婆世界を去りがたくする心のほだしとなった。

ところで、鳥山石燕《とりやませきえん》によると「後ろ髪」を引っ張る妖怪がいるという。それは臆病神についている神で、前にいるかと思えばたちまち、後に回り人の後ろ髪をひくのだという(『今昔百鬼拾遺』)。

後神(うしろがみ)(『今昔百鬼拾遺』下之巻)

一方、井原西鶴は「後神」として、後ろに付き添って守る神で、後楯となる神を想定する。後楯にはいて欲しいような気もするが、そのご機嫌を窺って臆病な時を過ごすのは、やはり御免蒙る。時の流れを受け入れ、その淋しさの中に我が人生をゆっくりと味わうほうがよほどいい。

(菊池政和)

昔話はオモシロイ

蓬莱山より愛をこめて

浦島太郎の玉筺は歳封じる呪具

「まるで浦島太郎の気分」と、つい口にすることがある。想像をはるかに超えて様変わりした現実にがく然とする時。うかうかしている間に、自分一人が取り残されてしまったと感じる時などだ。ご存じ、昔話「浦島太郎」のラストシーンのイメージである。

この話の元ネタは古代の恋愛小説「浦島子伝《うらしまこでん》」。昔話とは少し様相も異なり、『日本書紀』や『丹後国風土記』『万葉集』に見ることができる。主人公・浦島子《うらしまこ》は、美しい仙女・亀比売《かめひめ》に見初められ、恋に落ちる。そして不老不死のユートピア・蓬莱山《ほうらいさん》で永遠の愛を誓い合い、結婚生活を送ることになったのだ。幸せな暮らし――。

しかし浦島子の望郷の念はおさえられなかった。ふるさとに帰りたいと言う浦島子に、亀比売は悲嘆にくれつつ玉手箱ならぬ玉筺《たまくしげ》を渡してこう告げた。「私のことを決して忘れないで。そして再び会いたいと思うなら、この筺《はこ》を大事に持っていて。でも決して開けてはいけません」。浦島子はきっと戻ると約束し、人間界へ帰るが、三〇〇年後のふるさとは見知らぬ人ばかり。想い出すのは妻のことばかり。その時、浦島子の心に魔がさした。ふと約束を忘れて筺を開けてしまったのだ。そしてたちまち老人となった。

なぜ、開けてはならない箱など渡すのか。さては約束を破った罰か復讐かと勘ぐるなかれ。平安時代の『続浦島子伝記』にその答えが書いてある。玉篋は浦島子の「歳《よわい》」を封じる呪具だったのだ。人間である夫が、無事に人間界に帰れるように。そして再び自分の元へ戻って来られるように。仙女としての精一杯の愛と力をこめたのだ。

この話には続きがある。真実を知り嘆き悲しむ浦島子に、蓬莱山から亀比売が歌を返す。「たとえ二度と会えなくなっても、決して私のことを忘れないで」。呪具を粗末にしたがために迎えた、不老不死の神と愚かな人間との悲しい恋の結末。

妻から持たされたものは粗末にしない方がいいかもしれない。それは「浦島太郎」にならないための、現代版呪具かもしれないのだから。

（戸城三千代）

香川県三豊市詫間町鴨の越の丸山島に建つ浦島太郎の銅像

狐の嫁入り

自然現象の美しさ、美女に例えて

晴天の空から雨がぱらぱらと降ってきた時に、「狐《きつね》の嫁入り」という表現を使うことはないだろうか。この言葉は全国で広く使われているが、実は地方によって別の意味で使う所もある。もっとも多い使われ方は、日照雨《ひでり》だが、愛知には霰《あられ》を、熊本では虹《にじ》を「狐の嫁入り」と表現する地方がある。どれも雨（水）に関係する突然かつ美しい自然現象である。その一方で夜間の発光現象を「狐の嫁入り」と呼ぶ地方も多数ある。水とは関係なく、夜に山野でなぞの光が連なっているのを、狐が嫁入りするときの提灯《ちょうちん》や狐火だと説明するのである。

このように「狐の嫁入り」という言葉には、大きく分けて二つの用法がある。水に関する自然現象は、化かされた様に一瞬で終わる。そのために昔話に登場する、いたずら好きで人を化かす狐のイメージが取り込まれているようだ。一方後者の夜中の発光現象は、原因不明の光を「狐の嫁入り行列の灯り」だと説明している。二つは全く別の自然現象を指しているが、不思議と同じイメージを呼び起こす。それは、晴れた空からキラキラと降る小雨の中、もしくは暗闇とほのかな明かりの中の、美しい狐の花嫁さんの姿である。狐は美女に化けるもの、そんな印象がどこかにないだろうか。

狐が美女に化ける話は古くからある。平安後期の『今昔物語集』巻二八の三八には、美女に化けた狐が返り討ちに遭う話が載せられている。歌舞伎では、『玉藻前《たまものまえ》曦袂《あさひのたもと》』における傾国の美女・玉藻前や、『蘆屋《あしや》道満《どうまん》大内《おおうち》鑑《かがみ》』における安倍晴明《あべのせいめい》の母・葛《くず》の葉《は》狐などが知られている。仏教唱導書から大衆芸能まで永きにわたる物語世界には、美女に化ける狐の例は枚挙にいとまがない。そうした背景があって、日照雨や虹、霰、夜中の怪光など、一瞬で終わる美しい自然現象に対して「狐の嫁入り」という言葉が当てはめられたのだろう。

（末松憲子）

「葛の葉」（早稲田大学演劇博物館蔵）

笑われる鬼たちの行方

人間にだまされ、遊び歌からも消える

「鬼さんこちら手のなる方へ、鬼さんこちら手のなる方へ」

かつて誰もが一度は耳にしたことがある「鬼遊び」の歌である。目隠しをされた子どもの鬼は、「鬼さんこちら」の手拍子をたよりに、逃げゆく子どもたちを不安げに追いまわす。そんな光景が、街角の公園やビルの谷間から消えたのは、いったいいつの頃からだろうか。

そもそも鬼は、古代において、毎年春になると山里の村々を訪れる祖霊神と考えられてきた。人びとに幸せを与える角のない「おに」である。もっとも、この「おに」は、民俗学者・折口信夫《おりくちしのぶ》のイメージによるところが大きい。実際に古代の人びとが「おに」を「幸せを運ぶ神」と考えていたかどうかは、文献記録のない時代だから詳しくはわからない。

いっぽう文献記録に残る時代になると、鬼は邪悪な存在として人びとから恐れられる。平安期から中世期にかけての鬼は「オニ」と呼ばれ、怨霊や疫霊として、人びとに災いをもたらす恐怖の象徴であった。

ところがこうした中世のオニも、近世期を迎えると、人びとから笑われる存在となる。中世の恐ろしいオニは、愛きょうのある「鬼さん」へと零落してしまう。

『桃太郎』の鬼も、『一寸法師』の鬼も、みんな人間に負かされる「鬼さん」たちである。もうそこには、人びとを恐怖に陥れるような醜悪な姿はない。人間にだまされ、人間に揶揄《やゆ》される、笑われる鬼たちの姿である。

それなのに、そんな「鬼さん」たちまでも、今ではすっかりどこかへ消えてしまった。子どもたちの遊び歌から消えた鬼たちは、いったいどこへ隠れているのだろう。

鬼さんこちら手のなる方へ
笑われる鬼たちよ、いまいずこへ。

（鈴木堅弘）

「鬼の念仏」（町田市立博物館蔵）

巨人の草履

知恵者が悪さをする大男を退散

志摩半島大王崎波切のわらじ祭りを見た。九月の申《さる》の日に、大きなわらじを海に流す神事である。もう三〇〇年以上も前から続いているという。なぜ大きなわらじを？

ダンダラボッチが、沖合の大王島に住んでいた。彼はときどき里へやってきてはその巨体で村を荒らし、美しい娘をさらっていく。そんなことが何度も重なるので、村人たちは困り果てていた。

村に知恵者がいた。彼は役人に名案をしめす。そんな中ダンダラボッチが浜にやってきた。ふと見ると自分の足よりも大きいわらじがおいてある。「あれは何だ」「あれはこの里に住むお前よりも大きい村主《むらぬし》の履く草履だ」。ダンダラボッチは、少し怖くなった。おそるおそる村へ入っていく。すると今度は、大きな竹篭（実は魚篭）が置いてある。「あれは何だ」「その村主の煙草入れじやよ！」。ダンダラボッチは、いよいよ怖くなる。別のところには大きな布（実は網）が干してある。「あれは、お前よりず〜と大きい村主の褌《ふんどし》じゃ！」。それを聞いたダンダラボッチ、そんな大きい村主ならどんな罰をうけるかわからないと思ったのか、一目散に逃げていき、もう二度と現れることはなかった。それから大わらじを海に流すようになった。

門前の大わらじ

巨人の話は各地に残り、大人（オオトンンド）、ダイダラボウなど様々な言い方で呼ばれている。八世紀の『風土記』にも出ているからかなり古い。それらは、大きくは二系統に分かれるようだ。ひとつは、その巨体で山や湖を造ったとするもので、もうひとつは何らかの災厄をあらわすものだ。後者は、比較的少ない。

波切の事例は、後の方で暴風雨や地震など海からの災いを表現したものだろう。

それにしてもハナシの中で大男に賢いものがいないのはなぜだろうか。知恵者は大概小さい人である。まさに〝大男総身に知恵がまわりかね〟なのである。

（橋本章彦）

瓜子姫の誕生

川の向こうは神の住む異界につながる

古典でよく見られる夏を代表する野菜に、「瓜」がある。瓜といえば、子どものころ、「瓜子姫とアマノジャク」という昔話を聞いたことのある方も多いのではないだろうか。瓜から生まれた瓜子姫が美しく成長し、機織りをする娘になる。そこに、アマノジャクがやってきて、姫をだまし、姫になりすまして嫁入りしようとする……という話である。

この昔話には、実は結末が二通りある。瓜子姫がアマノジャクに殺される東日本型と、木に縛り付けられていた姫が助けられ、逆にアマノジャクが退治される西日本型である。どちらがより古い形なのか、なぜこのような違いが見られるのかは、よく分かっていない。とはいえ、アマノジャクの企みがばれて姫が助け出され、めでたく若君と幸せな結婚をした……というハッピーエンド型は、室町時代に作られた絵入り物語や絵巻にも見られ、王朝物語の影響を色濃く受けた都の人々にとって、好みのストーリーであったことは想像に難くない。

ところで、最初に瓜子姫が入っていた瓜は、どこで見つけられたのだろうか。この瓜子姫誕生の語られ方にも、大きく分けて二つのパターンが見られる。一つは、川を流れ下ってきた瓜から瓜子姫が生まれたという、昔話に多く見られる型。もう一つは、瓜は畑で拾われたとする型である。

室町時代に制作されたと見られる『瓜子姫絵巻』の断簡では、瓜子姫が入っていた瓜は、おじいさんの瓜畑で拾われたということになっている。しかし、その絵をよく見ると、瓜畑には、一本の川が描かれている。瓜子姫は畑で拾われたとされながらも、川との関係を断ち切れないのである。「川を流れ下ってきた果実から、小さな子どもが生まれる」という、瓜子姫誕生の不思議なモチーフは、桃太郎にも共通する。このストーリーの背景には、生まれた子どもが通常の子どもではなく、神の子であるということが暗示されているのであろう。

その昔、川上には、人智の及ばぬ聖なる空間があると考えられていた。瓜子姫も桃太郎も、川の向こうの神の世界から送られてきた、特別な子どもだったのである。瓜子姫誕生のストーリーには、「川の向こうには神の住む異界がつながっている」という世界観が残されているといえよう。

（雨野弥生）

徳島県吉野川

ししとと降る雨の夜

この世で一番恐ろしい「ふるやのもり」

ししととと降る雨の夜、老夫婦の会話。「この世で一番恐ろしいものはやっぱり、ふるやのもりだなあ」「そうですねえ」。

この会話を偶然聞いてしまうのは、一番恐ろしいと自他共に認める狼、あるいは日本にいないはずの虎。狼は自分より恐ろしいものがいることをはじめて知る。が、しかしそれが何者であるか分からない。外は漆黒の闇、そしてとめどなく降る雨。ここで同じ家を狙っていた泥棒に暗中遭遇してしまった狼は泡を食って逃走する。事前に自分より恐ろしいものがいると聞き、それが何者であるか知らず、しかもそれが暗闇に現れる。さすがの狼くんも逃走するしかないわけだ。実はこの「ふるやのもり」の正体は「古屋の（雨）漏り」だった。

これはこわい話ではない。むしろたわいのない滑稽譚である。この物語の原型は遠くインドにまでさかのぼる。六世紀のパンチャタントラに原型が見られる。モンゴル、朝鮮半島にも広がっている。細部に違いはあるものの日本でも各地で採集される。

折口信夫は、この物語を外から襲ってくる恐ろしいものにもっと恐ろしいものがいるから入って来るなという威嚇の手段としてのお伽《とぎ》の役割として論じている。しかし、私はむしろ「偶然」に話を聞いてしまうというところに注目したい。聞かせたというニュアンスは物語の流れから考えにくいのではないかと思う。

偶然に（神や妖怪の）話を聞くことにより財貨を得たり、困難を回避する昔話は散見される。この類型の中和剤的な意味で「ふるやのもり」は意識されてきたのではないだろうか。つまり偶然に聞いた情報には不安をかき立てたり判断を狂わすような、また不利益をもたらすようなものもあるのだよと語りたかったのではないのだろうか。

かつて政治経済の裏舞台に君臨した某氏は競艇場でそこにたむろする人々の語る内容を記録する係を配置した。彼らの会話を情報として利用していたといわれている。入手できたのは利益に結びつく神々の会話だったのか、「ふるやのもり」のような話だったのかは今となってはわからない。


（石田　禎）

毘沙門さんと歌合戦

庶民に親しい存在の毘沙門天

毘沙門天は古来、七福神の一尊として庶民に親しまれてきた福の神である。もともとは仏教の守護神であり、また戦闘の神であった。上杉謙信は、この毘沙門天に信仰の厚かった武将であったことはよく知られている。

そんな厳めしい武神が、福の神へと転じたのはおおよそ平安末期から鎌倉時代にかけてであったらしい。一五世紀ころに成立したと考えられる七福神にも当初から加えられており、以後、現代に至るまで福神として庶民に人気の存在である。今回は、この毘沙門さんにまつわる笑い話をご紹介しよう。

昔、一人の極道もんがいたそうな。とてつもなく貧乏だったものだから、身近なもんが「おまや、たまには早うおきて毘沙門さんにお参りしてみい。日参したらきっと金持ちにしてくれらあや」と教えてやった。

極道もんは、もう貧乏にまいっとったから「なるほどなあ」と思うて、いっぺんお参りしてみることにしたと。ところがお参りにいった極道はびっくりしてしもうた。なんと、お堂は草がぼうぼうで、軒は朽ち果てて今にも落ちそうじゃった。そりゃあ、みすぼらしいありさまじゃった。

「こりゃ、だまされたわい」と思うた極道もんは「人々に福を与えるひまあらば／わが住む家のふき替えをせよ」という歌を詠んで毘沙門さんをからこうた。すると毘沙門さんは「大麦の粉になるほどに働けば／頼まんとても福は与えん」とやり返した。なんでも大麦は、粉にするのがたいそう苦労するそうな。ところが極道もんは「大麦の粉になるほどに働けば／なんの頼もう毘沙門のはなくそ」とまたまたやり返したそうな。

（稲田浩二監修『日本の仏教民話集』より）

土佐地方に伝わる昔話。毘沙門天がいかに庶民に親しい存在であったかを物語っていて興味深い。ほのぼのとした気持ちになる話である。『毘沙門天王功徳経』という世上に流布したお経には、毘沙門天は普光と言う大きな城に住んでいるが、そこには八千億もの福があって、毎日三時（仏教の言葉で早朝・日中・日没のこと）に福を焼く、と書かれている。つまり毘沙門天は、お金持ちだったのだ。右の話は、それを逆転することでおもしろさを創りだしたというわけである。

（橋本章彦）

伝承から創作へ

北欧の小人ニッセの場合

デンマークの農村には、ニッセと呼ばれる小人の伝承がある。家畜小屋などに住み、ミルク粥の報酬と引き換えに農夫の仕事に手を貸す家憑《つ》き小人である。牛一頭を担ぎ上げるような力持ちである一方、大変ないたずら好きでもある。その性格は人間くさく、農夫の相棒、農村のマスコット的存在として人々に愛されてきた。日本の東北地方に伝わる座敷ワラシとも共通点を持つ。

デンマークにおける近代化の波は他のヨーロッパ諸国同様一九世紀に訪れた。近代化に伴い、多くの民間伝承が消えていく中で、ニッセは児童文化・児童文学の世界で生きる道を新たに見いだした。童話作家アンデルセンも自らの童話の中にニッセを登場させた。その一つ「食料品屋のニッセ」（一八五三年）を紹介しよう。

食料品屋のニッセ

ある裕福な食料品屋にニッセが住みついていた。この食料品屋の屋根裏部屋には貧しい大学生が間借りをしていた。ある夕方、ろうそくとチーズを買いに来た学生は商品の包み紙が詩集のページを破り取ったものであることに気づき、買ったチーズと詩集を交換する。それを見ていたニッセが、その夜、屋根裏部屋に上がっていってのぞくと、大学生は先程手に入れた本を読んでいた。学生の周りには光が溢れ、美しい歌や音楽が鳴り響いていた。ニッセはその光景に深く感銘を受ける。ところが真夜中に近所で火事が起きる。周囲が大騒ぎをして逃げまどう中、ニッセは真っ先に学生の本を救い出し、そんな自分に陶酔する。

しかし、火事が収まったあと、ニッセは思うのであった。「自分を両方に分けるとしよう！お粥のためには店の主《あるじ》と縁を切るわけにはいかんからな」

物質的に豊かな食料品屋か、精神的に豊かであるが貧しい学生の屋根裏部屋か、二つの豊かさのはざまで揺れ動くニッセの心をアンデルセンは皮肉を込めて描きだす。高尚な精神世界に憧れる一方、快適な暮らしも捨てがたい。ニッセの結論は両者の「いいとこ取り」をすることであった。

ここに描かれるニッセの姿は、もはや伝承のそれではない。しかしアンデルセンは（伝承のニッセ像を確実に踏まえつつ、この小人に人間の心を吹き込んだのである。ここに伝承から創作への道筋が示されていると言えよう。農村で伝承されてきたニッセは、アンデルセンという個人の手にかかりはしても、人間の本質を投影した存在でありつづけるのである。

（中川あゆみ）

昔話から童話へ

アンデルセン童話「野の白鳥」の場合

「はだかの王さま」「おやゆび姫」など、日本人にもおなじみのアンデルセン童話には、民話を題材にしたものがある。「野の白鳥」（白鳥の王子）もその一つ。魔女である継母に城を追い出された王女エリサが、白鳥に姿を変えられた一一人の兄たちを救うため、大きな困難を乗り越えていく物語である。デンマークの昔話「一一羽の白鳥」を原話としているが、同様の昔話は「六羽の白鳥」などグリム童話にも見られる。「一一羽の白鳥」は以下のような話である。

昔、王様に一一人の王子と一人の王女がいた。新しく来た継母は実は魔女で、王女を奉公に出し、王子たちを白鳥に変えて城を追い出した。一年後、城に戻った王女は兄たちの運命を知り、兄探しの旅に出る。そしてたどり着いた森の中の小屋で白鳥の姿をした兄たちとの再会を果たす。

長兄の夢に従い、妹は「無言で野原のアザミを紡いで兄たちのシャツを編む」という試練に取り組む。しかしある日、通りかかった一人の王が妹を見初めて妻にする。王が戦争にでかけている間に妹は子どもを二人生むが、王の母に犬の子と取り替えられる。「犬の子を産んだ」罪で妹は処刑されることになる。しかしまさにその瞬間、一一枚のシャツが完成し、飛んできた白鳥に投げると魔法が解け、真実が明らかになる。二人の王子も無事であることがわかり、王の母は鋲を打った樽に詰めこまれ、死ぬまで転がされた。

童話「野の白鳥」では、妹はエリサという名前を持ち、美しく信仰深い女性として描かれる。昔話の中のいくつかのモチーフやストーリーも変更された。大海原を白鳥と越えていくシーンが新たに創出され、後半の義母による中傷や義母の処刑は、大司教による中傷とエリサの華やかな婚礼の行列シーンへと書き換えられた。

野の白鳥

これらの書き換えを通して、我々は一人の女性の成長と理想の女性像というテーマを読み取ることができる。何一つ不自由のない生活をしてきた小さな王女エリサが、様々な苦難を乗り越えて、美しく主体的な女性へと成長していく過程を、アンデルセンは昔話の枠組みを用いつつ描いた。昔話が童話へと再創造されるとき、そこには作家個人の思想が浮き彫りにされるのである。

（中川あゆみ）

七夕と洪水

試練に負けて瓜から星の洪水

七夕に雨が降ると天の川の水かさが増して牽牛が渡れなくなるので、年に一度の逢瀬がふいになる。そうなっては気の毒だというので、七夕の夜は晴天を期待することになっている。

しかし、『万葉集』巻三には、雨が降っても平気な牽牛が登場する。

この夕べ　降り来る雨は　彦星のはや漕ぐ舟の　櫂の散りかも

今夜降って来る雨は、心せく彦星が急いで漕ぐ舟の櫂の滴なのだろうか、という歌だ。ここでの雨は、遠い天上世界の二星の恋の成就を予想させるものとなっている。

しかしそれも、降りすぎて洪水となると話が違ってくる。

南島には、一風変わった七夕の昔話がある。前半は羽衣伝説に代表される天女との結婚と別離を語るが、別離では終わらずにまだ続きがある。

私が鹿児島県の徳ノ島で聞いた話は、羽衣を見つけた天女が天上へ帰ってしまうと、あきらめ切れない男は天上世界に押しかけ婿になりに行く。

天女の父親である天帝は根負けして、ある試練を課す。それを全うすれば娘を晴れて嫁にやろうというのだ。昔話の分類では「難題婿」と名づけられている話である。

その難題とは、一晩畑の瓜の番をせよというもの。「蓬莱の玉の枝」を探して来てよね、などというかぐや姫の出す高飛車な難題にくらべるといともたやすいように見える。しかし、どんなに喉が渇いてもけっして瓜を食べてはならないという。見てはならぬ、開けてはならぬというタブーは、破られるためにある。この男も案の定、渇きを我慢しきれずに瓜に手を出してしまう。食べようとして瓜を割ったとたん、その切り口から大洪水が出現してなんと男は地上に押し流されてしまった。

その大洪水は今も流れ続けている。あれ見よ、それがあの天の川なのだとこの話は締めくくられる。

きらめきながら流れ出る星の洪水。この壮大で美しいアニメーションのようなイメージを持つ昔話は、なるほど南島の降るような星空の下で語られるにふさわしい話だ。

（西岡陽子）

マヨイガと椀貸伝説

朱塗りの椀が善人に福もたらす

むかし、朱塗りの椀《わん》が人々の食卓を飾っていたころの話である。岩手県の遠野《とおの》地方では、山中に不思議な家が現れる伝承が伝えられていた。その家をマヨイガという。柳田国男《やなぎだくにお》の『遠野物語《とおのものがたり》』には、このマヨイガの伝承が記されている。

貧しい家の妻が奥山へフキを取りにいったときのことである。ふと見ると、目の前に立派な黒い門の家があった。大きな庭には花が咲きみだれ、そこで多くの鶏が遊び、動物小屋にはたくさんの牛や馬がいた。その妻はいぶかしく思い、家の中へ入ると、赤や黒の膳椀《ぜんわん》があまたと並べられており、奥の座敷では火鉢のうえに鉄瓶が置かれ、湯が煮えたぎっていた。ところが、この家には人がいる気配がない。妻は、山男の家ではないかと急に恐ろしくなって駆け出し、わが家へ帰ってしまった。

その後しばらくして、この妻が川で洗い物をしていると、川上から赤い椀が一つ流れてきた。あまりにも美しい椀だったので、妻はその椀を拾い上げ、食器として用いずに、米を量る器として用いた。すると、この椀で米を量ると、いつまでも米が尽きることがなかった。こうして、妻の家はしだいに裕福になり、村一番の大金持ちとなった。

そしてこの伝承は、つぎのように結ぶ。

「マヨイガに行き当たりたる者は、必ずその家の内の什器《じゅうき》家畜何にてもあれ持ち出でて来べきものなり。その人に授けんがためにかかる家をば見するなり。女が無慾にて何物をも盗み来ざりしがゆえに、この椀自ら流れて来たりしなるべしといえり」

マヨイガとは、「迷い家」と記す。だれもがマヨイガにたどり着くわけではない。もしこの不思議な家に出あった者は、膳椀でも何でも持ち出してよい。しかし無欲な妻は何も持ち出さなかった。ゆえに、この家のお椀がみずから、妻のもとへ流れ出てきた。

マヨイガは、正直者だけがめぐり遇える幻の家である。

早池峰神社参道　岩手県遠野市

こうした伝承は、遠野地方だけに伝わるものではない。椀《わん》貸伝説《かしでんせつ》として他の地域でも伝えられている。その多くが、岩穴や古池などの前に膳椀を借りる依頼書を置いておくと、翌日、岩や水の上に膳椀が並べられているという。ただし、借りた膳椀を一つでも壊したり、あるいは盗み取ったりすると、二度と借りられなくなる。しかも、マヨイガの住人のように、いったい何者がその膳椀の持ち主であるのか、誰ひとり知ることはできない。

（鈴木堅弘）

観音さまの話

強大な慈悲、無理な願いもかなう

観音は、人々にとってもっとも身近な仏である。教義的には菩薩であり、仏と呼ぶのは正確ではない。だが、庶民にとってそんなことはどうでも良いことであった。多少無理なお願いも聞いてくださるとてもありがたい仏であり神なのだ。だから、昔話の中でも、八面六臂の大活躍である。

あるおじいさんがいた。また若いときのように金を稼ぎたいと思い、京都清水の観音さまに、一粒飲めは一〇歳若返る薬が欲しいという願掛けをした。まるでバイアグラに群がる人々のようだ。おじいさんの夢に神さまが現れ「これこれじじい。よく参った」といって、その薬を与えるのである。ちょうどそのとき、おじいさんの横で願を掛けていた娘がいた。どこへも帰る所もなかったおじいさんは、彼女の家に泊まることになる。その晩、老人は「明日からうんと若返って稼がねば」と観音さまからもらった薬をたくさん飲む。一粒で一〇歳若返る薬を……。よく朝、娘が布団をめくってみると、そこには、若者ではなく赤ん坊が泣いていていた。

また、次のような話もある。

あるところに一人のばくち打ちがいた。毎日ばくちを打っていたが、いつも負けてしまうので、ついに一分の銭も残らず裸一貫になってしまった。それでも男は、ばくちを打ちたいと強く思った。そこで観音さまのお堂へいって、飯も食わずに一心不乱に願掛けをした。そのかいあって、二一日目の朝にお告げがあった。「お前の信心に答えて銭を授ける。ここから先に銭のなっている山があるから、そこへ行って銭を得よ。ただし、くれぐれも欲を出すことのないように」とのことであった。男は、おおよろこびで教えられた場所に行ってみると、たしかに木に大判がたわわに成っている山があった。彼は夢中で大判を採って袋に入れているうちに、すべての大判がなくなってしまった。次の山へ行ったらもっと銭が手に入るに違いない。彼は、欲を出すなという観音さまのいいつけをすっかり忘れてしまっていた。はたして次の山へ行ってみると、男の読み通り小判がたくさん成っていた。男はそれも採っているうちにすっかり日が暮れてしまう。今からは帰れそうもない。ふと見ると遠くに明かりが見える。彼はそこへ行って一晩の宿を借りることにした。だがそこは、鶴の家だった。結局男は鶴につつかれてザクロのようになって死んでしまう。

なんと観音は、ばくちのための銭でさえも与えてくれるのである。

これらの話は、観音の慈悲の力が以下に強大であるかを示しているが、同時にその力をはき違えたものが、どのような結末を迎えるかも物語っている。神仏への祈願は決してむやみやたらなものであってはならないのである。

（橋本章彦）

都市伝説を読み解く

件《くだん》の由来
的確に予言する人面牛体の妖怪

人偏に牛と書いて件《くだん》と読む。中国、東北、北海道辺りまで広く分布している人面牛体の妖怪。生まれ落ちると予言を行い、間もなく死んでしまう。その予言はすこぶる当たるという。

昔、証文の末尾に「よって件の如し」と記するのは、「くだん」の予言が間違いない事が元だといわれる。獣医学者によれば、脳水腫という胎児性の病気であるらしい。

もちろんこの奇形の子牛が人語を話し、予言するというものではない。この世に生まれて来た途端に亡くなっていく子牛のはかない命をあわれに思い予言という価値を付けたのではないかと私は思っている。「豊作になる」など楽観的な予言はそういうところが背景となっている。

一方、学者の中には、これが元々の伝説であることに否定的な人もいる。大正期に書かれた内田百閒《ひやつけん》の小説『件』の出来があまりにも素晴らしく、これが出所と思い込んでいる向きが散見される。作家の創作力と伝説が奇妙にもつれて現代に至ってもその糸がほぐれないのはある意味痛快であり、このような視点を他にも用いてみる必要があるのではないかと思う。

筆者の知るところでは、江戸初期の『簠簋抄《ほきしよう》』あたりを文献上の初出とするのが妥当であろう。他にも、小泉八雲や柳田國男、南方熊楠《みなかたくまぐす》などが「くだん」に興味を持っていたことがうかがわれる。しかし、残念ながらいずれもまとまった資料に出会う事無く終わったようだ。聖徳太子の手になるといわれる「未来記」ほどではないにしても予言をなすという事の魅力は常に人々を引きつけるものだ。

また、現代では、農村の牛のいる原風景が崩壊するにつれ、「くだん」が人面牛体から牛面人体へ変化した。牛が身近にいないため、人間から生まれる牛面の子としなければならなくなったようだ。阪神大震災時にもひとしきり話題となった。農村伝説が都市伝説へと変質・進化していく過程なのかもしれない。

一九八九年から数年間、世間を騒がせた人面犬など一連のシリーズのルーツも、「くだん」なのかもしれない。しかし、悲しい事に現代の人面「系」は一つとして予言は行わなかった。この国に予言が必要な危機的状況が差し迫っているにもかかわらず。

（石田　禎）

難病の予言をするという越中立山の倫郷（くたべ）（大阪府立中之島図書館蔵）（ヴィジュアル百科江戸事情第4巻より転載）

転生奇談

「生まれかわり」の現代民話より

話の世界には、目に見えない連続線がある。

我々の身辺で語られる奇談、怪談のたぐいをあつめた現代民話集に『新耳袋』全一〇巻がある。二〇〇五年の初夏、一〇巻目の刊行を記念して、発売元のメディア・ファクトリー社が同社の雑誌『幽』に小学生百人が選んだ〝いちばん怖かった話〟〝印象に残った話〟ベスト一〇を掲載した。その第一位に輝いた「弟」はこんな話である。

両親が弟ばかりかわいがるので兄は嫉妬し、弟の死を願う。弟が亡くなり遺骸を棺に納めたとき、兄は弟の手のひらに「バカ」と書きなぐり、「兄ちゃんの勝利」に酔う。月日が過ぎ、大人になった兄に子供が生まれる。わが子の手に「バカ」と読めるホクロを見付けた兄は、弟の名を何度も呼んで許しを乞う。数日後、ホクロは消え、兄は「本当の兄貴になった」ような気持ちになった。

この話を選んだ理由として「怖いというより良い話」「感動した」といったコメントが寄せられている。小学生たちが寄せた感想には、とくに兄弟のミゾと仲直りを自分のこととしてとらえるものの感じ方が色濃くうかがえて興味深い。

ところで、死んだ子の掌中に書いた文字が別の赤ん坊の手のひらに浮かんだことから、亡児の生まれかわりを知るという話は、かなり古くから伝承されたものだった。小泉八雲の『怪談』に載る「力ばか」は明治期にハーンが周囲の人々から直接聞いた奇談とことわる（序）。また、さかのぼれば一七世紀なかばの仏教怪談集『因果物語』上巻一九話にも同種の話がみえる。

美濃開元院《かいげんいん》という寺に「仏都《ぶついち》」という座頭《ざとう》がいた。生前、寺に多額の寄付をしてお堂や門を建てた善行により、彼は信濃の金持ちの子に生まれかわった。父親の話によれば、生まれてから七日の間、ずっと掌を握ったままであったが、やがて手を開いてみたところ、そこに「開元院ノ仏都」の文字があったという。

ただし、『因果物語』以来の話は、貧しい者、不幸な子が生前の善行によって富裕の家に生まれかわる転生談であり、兄と弟の確執と和解を語る『新耳袋』の現代民話との間に、テーマの違いが歴然としている点も無視できない。

たとえ幸薄い人生であっても、人と人との助け合いのなかで来世の幸せを夢みた古い列島の民俗社会。そのような前近代の転生譚をベースにしながら、現代民話「弟」が兄弟の人間関係に生じた亀裂と断絶に話の中心点を移していったのは、もしかすると病める現代の写し絵かもしれない。

（堤　邦彦）

マッカーサーは日系人

理解不能な疑問が生みだす流言

ダグラス・マッカーサーを知らぬ人はいないだろう。太平洋戦争敗戦後、連合国軍最高司令官として、日本の占領政策を指揮した男である。彼を中心とした米国の日本統治が、比較的穏健だったことはよく知られている。

占領軍進駐直後の一九四六年五月から七月ころにかけて「マッカーサーの母親は京都生まれの日本人」「日本女性の愛人の子で、アメリカ人の義母に育てられた」（T・シブタニ『流言と社会』）などといったうわさが日本人の間にささやかれた。むろん全くの事実無根であり、いわゆる「流言」である。

社会学者によれば、異常な出来事が発生、それを説明する情報が不十分か全く与えられない場合に流言は発生するという。具体的には、

①人々の大きな関心にマス・メディアが十分に応えない

②マス・メディアの情報が相互に矛盾

③マス・メディアの情報と人々の既存の知識との間に矛盾がある

④ある人物や事件について理解不能な疑問か生じたとき

などが想定されている。

先に示したマッカーサーにかかわる流言は、明らかに④の場合だ。戦時中、日本の人々は、為政者からアメリカ人やイギリス人は「鬼畜」であると教えられていた。戦いに負けた日本へ占領・統治のために入ってくるアメリカ人たちが、日本人をどのように処遇するかには、当時様々な不安があった。ましてマッカーサーは、一度は日本軍によってフィリピンから追い出され軍人としての恥辱を受けている人である。

だが、彼をはじめ進駐したアメリカ兵は、想像したよりもはるかに「良い人たち」であり、占領政策も穏やかだった。そこに大きなギャップが生じた。それを埋める情報は、もちろん誰も与えてくれない。

それでマッカーサーにかかわる流言が生まれることになった。もし彼に日本人の血が流れていれば、すべての問題が解決する。血のつながっている者どうしは原則的に仲間であるから、マッカーサーは日本人にやさしいのだ、というわけである。

ここで注意しなければならないのは、この流言が明らかに日本人の血への信仰、血族意識を背景にもっていることである。その意味で、極めて日本的な流言だった。そしてそれは、家意識の崩壊という形で、現代日本人が戦後希薄にしてきた精神でもあった。

（橋本章彦）

戦時下の噂話

庶民の心の中の神々

未曾有の悲劇を生んだ太平洋戦争。読者の中には、その過酷な渦の中に巻き込まれた方も多くいらっしゃることだろう。戦争は、庶民にとって苦しみと悲しみ以外に何ももたらさない。ところで、国家間の戦いという異常な状況は、人々が抱く「見えない世界」とどのように関係したのであろうか。憲兵隊司令部の資料、南博編『近代庶民生活誌4・流言』（三一書房、一九八五年）から幾つか拾い出してみよう。

ある将校がタクシーに乗り、いくらかかってもよいから鹿島神宮まで行ってくれと言った。神宮に着くと祈祷のため御扉を開けたが、その時血の塊が落ちてきて、同時にその将校もいなくなった。これは、鹿島の神が戦地へ行って負傷してもどってきたのだ。鹿島さまが負傷するようでは、この戦争は苦戦であろう。

これは、昭和一九年（一九四四）五月に千葉県で採集された話であるが、同様の話は、八幡神についても伝えられている。

八幡様が人間の身代りになって戦地に行って帰ってきたが、神社の梓の木の裂け目から血綿の様なものが出てきたというのである。昭和一九年ころ函館でのできごとであったが、この時、たくさんの人がお参りにやってきたという。

鹿島や八幡は、もともと戦争の神である。こうした神々でさえ負傷して帰ってくるという内容は、もはや庶民において、戦時生活や戦争そのものへの閉塞感を現実のものとしていたことの現れとみてよいであろう。

岩国では、有名な人面牛クダンもあらわれた。市内のある下駄屋にクダンが生まれ、次の年の四、五月頃には戦争が終わると言って死んだという。クダンは、日露戦争にも出現したことはよく知られている。人と牛の間という境界的存在であるが故に予言の力を持つのである。

予言といえば、次のような話もある。或る男が底の抜けた一升瓶を持って酒を買いに来たが、不思議にもその瓶に酒が入った。男の話では今回の戦争は勝利で終わるとのことだが、日清日露のときにもこの様なことがあったという。

神殿の御扉（高知県佐喜浜八幡宮）

戦争は、庶民にとっては、まさに運命としか言いようのない歴史の激流である。個人の力を遥かに超越した動きだった。それが故に「見えない世界」を発動させるに十分すぎるほどの条件を備えていたといえる。戦時の噂話には、健気な庶民の心が透けて見えるようである。

（橋本章彦）

雑踏の落とし穴

「群集のなかの孤独」は歳特有の現象

オルレアンの噂話というのをご存じだろうか。若い女性が、ブティックの試着室から消えて外国の売春宿から発見されるという話である。フランスから始まったものだが、日本へ伝えられると身体損傷など新たな要素が付加されて独特の進化を遂げる。都市特有の闇を題材にした恐怖話である。広がる過程でさまざまなバージョンを生み出しているが、誘拐される場所として「雑踏」と言われることがあるのは注意されてよい。

大阪の難波のロケット広場で待ち合わせした二人の女の子がいて、片方の女の子が時間に遅れて行くと、もう片方の女の子はおらず、その日から姿を消してしまった。この女の子は、数か月後、とある外国の売春宿から手足を傷つけられて発見された。

これは一九九八年に関西のある大学生から採集した話だ。ここにいう「ロケット広場」とは、南海電鉄の難波駅にあって、若い人たちの待ち合わせによく使われていた場所。人の往来が相当に激しくまさに雑踏と言って良いところである。

駅については、他にこんな話もある。外国を新婚旅行中の新妻がどこかの駅で消えたという。消息を尋ねて、新郎が新婦の写真を日本人経営の旅行代理店の壁に張り出しているのを見たという

（山本節氏採話）。

試着室のような外部と遮断されて一人だけになってしまうところから誘拐されるのではなく、駅という多くの人が行き交う場所が言われているのはなぜだろうか。むろん駅は外部へ旅立つ起点としての性格を有しているから、「誘拐」はそうしたこととも関連があるだろう。しかしそれだけではなくこの話の深層には、隣人がどんな顔をしているかさえわからなくなっている「現代都市民の孤独」という問題が横たわっているように思える。都市は人の集合する場ではあるが、伝統的な村落共同体とは異なって、個々人それぞれの結合を促す要素が極端に希薄であるため、結局、つながりが生み出されないままとなる。「群集のなかの孤独」とは都市特有の現象と言って良いのである。

（橋本章彦）

雑踏の異界性

テポドンが降ってくる

若者が不安「話」で処理

一九九九年の七の月／天から恐怖の大王が降ってくる／アンゴルモアの大王をよみがえらせ／その前後マルスは幸福の名のもとに支配するだろう

これは、一六世紀のフランスの医師で、予言者でもあったノストラダムスが残した詩だ。日本では一九七三年に出版された五島勉著『ノストラダムスの大予言』の中で、人類滅亡を予言するものとして紹介された。この本は、二〇〇万部以上を売り、以後『最終解答編』に至るまで全部で十冊が刊行されたがいずれも多くの部数を売り、社会現象といっても良い状況をみちびいた。

ところで一九九九年の初夏の頃、筆者が勤務する大学では「七月にテポドンが落ちる」「一〇日が危ない」「奈良の山奥に避難した学生もいる」といったうわさ話がささやかれていた。

調べてみると、この類のうわさは関西地方の大学生を中心に相当な広がりをみせ、さまざまなバージョンで伝えられていることがわかった。ここにいうテポドンとは、一九九八年八月三一日に北朝鮮が打ち上げたテポドン1号のことだ。日本列島をまたいで太平洋に落下し、世界中に大きな衝撃を与える事件となった。一九九九年の二月になって事態はいったん収束に向かうかに見えたが、一九九九年の六月になって、再び北朝鮮によるミサイル発射の兆候ありとの報道がなされるにいたって、あらためて世上が混乱することになった。ちょうどこのころ右に示した噂話が大学生の間で広がりを見せていた。そして八月上旬ころ発射の危険性が薄らいだとの発表の後、事態は漸次北朝鮮との対話の方向へと進展していった。この噂話も八月上旬ころには、ほとんど聞かれなくなっていた。こうしたことから見て、この噂の消長が、一連の世界情勢の変化と連動していると見ることはほぼまちがいのないところであろう。

だが、どうやらそれだけではないようなのである。そう思うのは、一九九九年のこの時期は、ちょうど冒頭に示したノストラダムスの予言の月にあたっていたことによる。（五島は、人類滅亡を言いながら、何が原因でそうなるのかをついにあやふやにしたままであった。）

『SPA!』は、一九九四年二月二十三日号で「若者に蔓延する世紀末シンドローム」とだしてノストラダムスの予言についての調査結果を発表した。それによるとノストラダムスの予言が当ると思うかの問いに対して、必ず当たると答えたのが、中高生・大学生ともに八パーセント、もしかしたらあたるかもしれないと答えたのが、やはりともに六二パーセントであった。つまり約七割が何らかの形で当たると考えていたことになる。注意すべきは、この時の中高生が、一九九九年にはおおむね大学生の年齢になっていることである。つまり、この噂話は、若い人たちの心中にある予言に対する曖昧模糊とした不安を「話」という形で処理しようとしたところに生まれたという側面も否定できないようなのである。

（橋本章彦）

まじめなポルノ

女陰の中の蛇

もうひとつの蛇と女の関係

女は、野山で昼寝をしてはいけない、あるいは小便をするな、といった戒めを聞いた方も多いに違いない。その理由は、たいてい膣のなかへ蛇が入るからだ、ということになっている。かつて私は民俗調査のおり、この言葉を聞いてとても興奮した覚えがある。いや、むろんそれはあくまでも学問的な意味合いからだが。

『今昔物語集』（保安元年・一一二〇年ころ）巻二九にこんな話がある。

ある若い女が伴に女の童をつれて歩いていた。彼女は、突然の尿意に困惑する。しかし背に腹はかえられない。そこで仕方なく道からはずれた白壁の前で用を足すことにした。女童は、主人のしゃがむ姿を遠くから見ていたが、いつまでもすわったままである。いぶかしく思った童が近くによってみると、女は何かにとろかされたように呼びかけに反応しない。童は、どうしてよいかわからずにただ泣きじゃくっていた。その時、たまたま通りかかった主従の武士たちがいた。事情を聞いて女の側によってみると、何と一匹の蛇が穴から女陰を見つめているではないか。女の顔にはすでに生気がない。そこで彼らは、一計を案じた。まず穴の前に刀をさす。刃は蛇に向けられている。そうして主従で女の両脇を抱えて数歩引き下げる。すると蛇は、女陰を追いかけて穴から体を伸ばしてきた。しかし、そこは畜生のあさはかさである。蛇の体は、穴の前に置かれた刀にあたって真っ二つに裂かれてしまった。

『今昔物語集』は、このあとで「だから女はこのようなところで用を足してはならない」という意味の言葉を添えている。今から九百年も前にも現代と同じことが言われていたのである。

江戸時代初頭の随筆『渡辺《わたなべ》幸庵《こうあん》対話《たいわ》』には、女陰に入った蛇を抜き出す方法が述べられている。それによれば、水を溜めた桶にカエルを放しておき、それをねらって出てきた蛇をつかまえるそうだ。作者によれば、自分は女陰の中に入った蛇を三度までみたことがあるという。

本当に蛇は女陰をねぐらとするのか、その真偽はわからない。むしろ男性性器を連想させる蛇の形状、あるいは母胎回帰といった深層の心理が作り出した話なのかもしれない。が、ともあれ蛇にはご用心あれ。

（橋本章彦）

色にまつわる狐の話

狐と色事のイメージは根強く結びつく

狐が妖艶な美女に化けて男をたぶらかす話は、多くの物語に登場する。

平安時代の『今昔物語集《こんじゃくものがたりしゅう》』巻一六には、賀陽良藤《かやよしふじ》という色好みの男がだまされる話がある。彼は散歩中に美しく若い女を見かけ、言葉巧みに女の家に上がり込み子をもうける。だが十一面観音の功徳によって助け出されてみると、一三年の幸福はたった一三日の失踪でしかなく、妻子と暮らした家は自分の倉の床下であった。人に調べさせると、床下からたくさんの狐が散り散りに逃げ去っていったという。

また、能『殺生石《せっしょうせき》』にも、傾国の美女が実は狐であったという話がある。美麗なる女性・玉藻前は、詩歌管弦にたけ、宮中にもまれな才女であった。しかし、その出自は明らかでなく、彼女を寵愛する鳥羽院は日に日に弱ってゆく。陰陽師が占ってみると、彼女は天竺でも唐でも王をたぶらかし、国を滅ぼした狐であった。玉藻前は陰陽師によって一度は調伏され石にされるが、その石に近づいた者はみな命を落とした。そこへ通りがかった玄翁《げんのう》和尚によって、狐は供養され成仏する。

このように狐が女性に化ける話は数多いが、男に化ける話はさほど多くない。だが京都の知恩院・濡髪堂《ぬれがみどう》には男に化ける狐の伝説がある。徳川家光が執権を握っていた頃、知恩院では本堂の建立が進められていた。完成も間近に迫ったある日、和尚が説教をしていると、おかっぱ頭の少年が雨の中、熱心に話を聞いていた。和尚が少年を呼び止め、「どこの子か?」と尋ねると「私は実は狐で、お堂建立のために、これまで住んでいた穴ぐらを壊されてしまい恨んでおりました。何とか仕返しをしてやろうと思っていましたが、お説教を聞くうち、何と尊いお堂だ、自分が間違っていたと気付きました」と涙ながらに語る。和尚は「それは気の毒な事をした。お前の神通力でこの寺を守ってくれるなら、お前のために祠を建ててあげよう」と約束し、雨でぬれていた少年の髪にちなんで、濡髪堂を建立した。

何とも尊い話である。狐とはいえ、お堂に祀られるほどの狐は違う……とは言い切れない。このお堂には祇園の舞妓さんや水商売の女性たちの参詣が多いという。その理由は花柳界では男女の情事を〝濡れ場〟とか〝濡れる〟というから。濡れ場をまとめる神様、すなわち縁結びの神様として信仰されるようになったという。女に化けようと男に化けようと、やはり狐と色事のイメージは根強く結びついているようだ。

（末松憲子）

祇園のつなぎ団子の提灯

ポルノの呪力

生を基礎づける性

セックスに関わる話は楽しい。

三味線ぼぼちゅうのがあります。あの、ちょっと、その、男の方がな、あの、ちいと長いちゅうか、それで、毎晩、その、嫁さんと、あの、なんじゃな、夜のいとなみちゅうんをやる場合には、その、元の方へ手ぬぐいをちょっと巻いて、そいて、そのやるんじゃって。それでちいとの間しよったら、その嫁さんが、あの、手ぬぐいのことをてんてんちゅうて言よったんじゃなあ。ほいで、はじめな、「てんてんとってえなあ」ちゅうて。また、その、ちいとようなってくると、「てんてんとって、てんてんとって……、てててとと、てててとと」いうて言うたんじゃや。それで、その三味線ぼぼちゅうんじゃそうな

最後の部分、行為の現場を彷彿とさせるものがある。これは、兵庫県大屋町（現養父市）で採集されたものだが、少しも卑猥な印象がなく、むしろなにがしか人を元気にするような力を持っている。性は、豊穣のシンボルと言うだけでなく、人に生きる力を与えるものでもあるのだ。猥談が楽しいのは、そうした事と関係しているのであろう。

奈良県明日香村の飛鳥坐神社の「おんだ祭」は、天狗とお多福が夫婦和合の性行為をユーモラスに演じるので有名だ。この祭りでは、天狗が、股間に棒を突き立てる所作も行われる。地域によっ

ては、祭りのクライマックスに天狗が山から降りてきて、男性性器をかたどった短い棒を女性に投げかけるところもある。兵庫県三田市では、正月のおこし初めの時、二股にした藁束の間にオコナイで祈りを込めた牛玉杖を立てる。二股に女性性器がイメージされていることは言うまでもない。

これらは農村において豊作を予祝する行為であるが、性の力は、都市においては災難避けにも期待されるようになる。たとえば、江戸時代にはいわゆる春画が火災除けのお守りにされていたというし、また太平洋戦争の時には、妻の全裸の写真を弾避けに持参したこともあった。ポルノには、このように生存の問題と関わる呪力が認められていたのである。

性の行為は、動物としての人に由来するものだから、おそらくは心の深い部分で我々自身を規定するほど大きな存在である。つまり性は、我々の生を基礎づけているといえる。豊穣のシンボルとしての性の背後には、人の生の問題が見透かされてくるようである。

（橋本章彦）

観音は男か女か

性で導く観音

観音さまは男ですか?それとも女ですか?よく聞かれる質問である。教義的な問題はここではおくとして、庶民信仰の世界では、少なからず女のイメージで信仰されている。

筒井康隆氏に『魚籃観音記』という作品がある。師匠の三蔵法師を霊感大王に誘拐された孫悟空は、観音に助けを求めにいく。しかし、観音は、そんなことよりもこちらに来なさいと言って、悟空を誘惑しセックスをする。最高の快感を得た孫悟空は、もうお師匠さんどころではない。体も心もトロトロになってしまっている。なにしろ観音と交わったのだから。だが、帰ってみると三蔵はいつの間にか助けられていた。

題材は、『西遊記』だが、むろんそちらの方には、観音とのセックスなど語られていない。だが、こうした類の話は、意外と古くから見られる。

中国の宋の時代の書物『太平広記《たいへいこうき》』(九七七~九八一)に次のような話かある。

ある所に年のころ二四~二五歳の色白の美人がいた。彼女は、城内を歩き回り、青年が誘いかけると誰とでもセックスをした。数年して死んだので、男たちは協力して無縁仏として葬ってやる。その後西域から来た一人の僧が、その墓にぬかずいていた。人々は尋ねる。なぜその女を拝するのか。彼女は、生前淫蕩であった人だ。僧は言う。この方は、大聖(観音)で慈悲によって世俗の欲を満たされたのだ、だから皆の言うがままになったのである。いまはこの世に縁がつきてすでに仏と成られたのだ、といった。

観音は、その慈悲力によってセックスをも提供する存在なのだ。そうした大陸からの伝統は、我が国においては、遊女を観音に結び付けることを生み出すようになる。中世には、〝観音〟の名を冠する遊女も現実に存在した。

近松門左衛門の『曽根崎心中』は、遊女お初と徳兵衛の心中の物語であるが、その冒頭にいわゆる「観音廻り」の段がおかれ、その最後の部分であの有名な「色で導き、情けで教へ、恋を菩提の橋となし、渡して救ふ、観世音」が語られる。お初が観音になぞらえられていることは明らかであろう。徳兵衛は、観音の〝性〟によって菩提へと導かれたのである。

観音は女、女は観音。男にとって女は〝菩薩さま〟ということであろうか。

（橋本章彦）

女房の口

昔話のエロティシズム

欲深い炭焼きの男がいた。彼は、常々飯を一切食わない嫁が欲しいと思っていた。そんなある日、若い女がやって来て「まんま」を食わないから女房にしてくれという。男はよろこんで女を迎える。だが彼女は、男が炭焼きに出かけると蔵から米を出して、それを炊いて握り飯にしてたべていた。

隣家の人からそのことを聞いた男は、出かけるふりをしてそっと天井に上がって様子を伺う。すると女は、頭の毛をかきわけ、その中に開いた大きな口にたくさんの握り飯を放り込んでいく。何食わぬ顔でもどった男は、すぐさま女房を追い出した。

この話は、「くわず女房」と呼ばれる昔話の前半部分。話はまだ続く。今回のテーマとは関係ないので省略するが、後の話の展開からすれば、人を喰う鬼の話である。

だが、この女の頭髪の中にある口は、いったい何を意味しているのであろうか。それを知りたくて各地のバージョンをひもといてみた。すると、握り飯を「膝の割れ目」に入れる（長崎県）、腹にも股にも食わせる（山梨県）、体中の穴に入れる（徳島県）などがあった。頭の「真っ赤な口」などというのもある。どうやら髪の毛をかきわけて出てくる大きな口は、女の性器を連想させているようだ。昔話におけるエロティシズムの表現手法の一つの例である。

（橋本章彦）

桃太郎

一つではない桃太郎の話

桃太郎が鬼退治をする話は、日本人には最もポピュラーな昔話の一つであろう。しかし、我々の知っている物語は、明治になって整理されたもので、本来は各地で様々なストーリーで語られていたことは、あまり知られていない。その一つを紹介しよう。

父と母が花見に行くと一つの桃が転がってくる、母が持って帰って寝床におく。すると桃が割れて子供が生まれたので、桃の子太郎と名付ける。ある時、地獄からの使いである鶏が、鬼からの手紙を持ってくる。手紙には、日本一の黍団子を持ってきてくれとあった。両親に団子をつくってもらって、地獄へ行き鬼たちに黍団子をやると、みんな団子を食べて酔って寝てしまう。太郎は、そのすきにお姫様を助け出して逃げ、殿様に認められて長者となる。

この話では、おなじみの犬や雉、猿などは出てこない。それ故に、比較的古い形のものではないかと考える人もいる。太郎が赴くのも鬼ヶ島ではなく地獄となっている。桃を寝床におくことで太郎が誕生するというのは、あきらかに夫婦の営みが下敷きにおかれているとみてよい。桃太郎の昔話にも大人の楽しめる要素があったわけだ。また本来的には、妻覓《つまへ》き（妻を求めること）の話であったことも右の話は教えてくれる。

（橋本章彦）

吉祥天と離婚した男

世にも鋭い天女の直感

天女の像を見ていると、時々とても愛おしい感覚に襲われることがある。少々不謹慎だが、女としての魅力を感じてしまうのである。海辺に祀られている弁才天などは、とてもふくよかな造形で、一糸も纏わず、ときには女陰までもが彫り込んである。そんな像に出会えば、おもわず心乱れることもある。

むかし和泉国の国分寺に鐘を撞くのを専門にしていた法師がいた。彼は、寺の吉祥天像を見て愛欲の心を抱く。突き上げる衝動を抑えきれないこの法師は、つねに像に抱きついたり、胸を引きつまんだり、口を吸うなどして自らの淫欲を満たしていた。彼は、あろうことにか吉祥天像をダッチワイフにしていたのだ。こんな行為をする法師に、天女は、きっと厳しい制裁を加えるに違いないと思いきや、以外にも、夢に現れて、「ひごろ自分に思いをかけてこのように抱いてくれているのは、とてもうれしい。私は、そなたの妻になりましょう」と言う。だが、天女は結婚に一つの条件を出した。それは、絶対に他の女と浮気をしないこと、というものである。こうした言葉に対しては、男はいつも「そんなことするわけないじゃないか」と生返事をするものだが、法師も、二つ返事でこれ承諾した。それからというもの、何かにつけてうまくいくようになり、近在でも有名な金持ちとなる。なにしろ福徳の神である吉祥天を妻にしているのだから、それは当然といえば当然のことであった。いうならばいわゆる「アゲマン」である。それも究極の。しかし、男は、旅先でつい人にそそのかされて他の女に触れてしまう。帰ってみると、天女は機嫌が悪い。「あなたは、約束を破りましたね」。天女ならずとも女の直感はいつもすばらしい。「私はもうあなたと別れます」と言ったかと思うと、なにやら白いものを二桶ほど掻き出し、何処となく消えてしまった。この白いものとは、精液であった。なんと天女は、夫婦になってから、自分が身に受けた法師の淫液をそっくりそのまま返していったのである。

これは、鎌倉時代に編まれた『古本説話集』という本に出てくる話である。

（橋本章彦）

風にはらむ女人の島

浜辺の迎え草履が男たちをまつ

その島は、はるか南方の洋上にある。古くは女護島《にょごがしま》と呼び、今では八丈島《はちじょうじま》という。かつてその島には、女人しかいなかった。女たちは、みな麗しく、艶やかで、心やすい美女であった。そして彼女たちは、南風に陰部をさらし、その風に吹かれて子を孕《はら》んだという。

この伝説は、はるか往古の徐福《じょふく》伝承にまでさかのぼる。徐福は、秦《しん》の始皇帝の命により、不老不死の仙薬を求めるため、東の海に浮かぶ蓬莱山《ほうらいさん》へと船出した。その船は、大船一〇艘にもおよび、男女の童子を各五百人も伴っていたという。その後、徐福の船は熊野の浦に留まり、女の子は八丈島へ捨てられ、男の子は青ガ島に捨てられた。八丈島と青ガ島のあいだには、一八里の大海がひろがる。

こうして女人だけの島が生まれた。彼女たちも、遠方の島々の男たちと夫婦《めおと》となり、この島で住まうことを夢見たであろう。しかし、海神《わたつみ》がそれを許さなかった。彼女たちは、海神の祟りを怖れ、女人だけの島をまもった。ただ海神は、そんな女たちを憐れんだのか、年に一度、南風の吹く日に、仮寝《かりね》の契《ちぎ》りを結ぶことを許した。女たちは、その日が来るのを待ちに待った。そして南風が吹くと、彼女たちは、白い浜辺にいくつもの草履をならべた。その草履は、青ガ島から渡り来る男たちを迎えるためのものである。女たちが磯の岩陰から水平線を眺めていると、男たちの舟が、南風にさそわれて、この島へやって来た。男たちは、浜辺に並べられた草履をはき、持ち主の家へと招かれた。迎え草履は、島の女が男を受け入れる合図である。一足の草履をはいた男は、持ち主の女と仮寝の契りを結んだ。そのはかなき一夜で、男の子が生まれると青ガ島へ渡し、女の子が生まれると、島に遺したという。この女人島に伝わる習俗が、南風に吹かれて子をはらむ伝説をつくった。

いまでも八丈島の女たちは、こんな唄をうたう。

南風だよ　みな出ておじゃれ
迎え草履の　紅はな緒

日焼けた肌を海風にさらし、遠方の島から渡り来る男たちを、いまか、いまかと待つ女たちの唄である。その唄が南風にのって響きわたる浜辺には、いくつもの草履が、履き主を求めて、しずかに並んでいる。

（鈴木堅弘）

民俗は生き続ける

正月の七草

異界との境薄れ、神の心を占う日

お正月は続けて二回あった、と言ったら驚かれるだろうか。

民俗学が今日までに明らかにしたところによると、通例正月の期間は一日～二〇日までで、前半一〇日間と後半の一〇日間で類似の行事が繰り返されるという。前半で重要な日は一日と二日、六日と七日で、後半ではなんと言っても一五日前後の左義長《さぎちょう》（とんど）の日であった。二〇日は、正月魚が少しずつ食べられて骨だけになってしまうことから骨正月と言うところも多い。

七日は、よく知られているように七草の日である。ナズナなど七種の菜を刻んでかゆの中に入れて食べる日だ。平安時代は、粥《かゆ》ではなく羹《あつもの》（吸い物）であった。民俗的には、害鳥を追う「鳥追い」のまじない行事でもある。すなわち「七草なずな唐土の鳥と日本の鳥が渡らぬ先にあわせてぱたぱた」などと唱えながら七草菜をまな板の上でたたくのである。この日は、道教では「人日」にあたり。古く中国ではこの日、鬼鳥がやってきて過ぎていくと信じられた。そこで人家では戸などをたたいてこれを追う風習があったという。我が国の七草の鳥追いは、この中国の影響を受けているのかもしれない。

ただ日本では、七日前後の日に鬼の出てくる行事や占いの行われる地域も多い。例えば九州では

おためし神事（http://eos1vhssakubei.blog.so-net.ne.jp/ より）

鬼火という火をたく行事がある。六日の夜から七日にかけて鬼が村にやってくるので、その目や手足を焼き、竹のはぜる音で追い払うのだという。能登のアマメハギもこの期間に家々を回る。また鳥海山ろくではこの日にマンダラモチをついてその上でお札を焼き、その焼け具合でその年の作物の出来を占う「おためし神事」が行われている。

これらの事例に即して考えるならば、この日は、明らかに現界と異界の境界が希薄となっている日と見ることができる。そうであるからこそ鬼がやってきたり、神の意志を問う占いが可能となるのである。

（橋本章彦）

京の節分オバケ

一晩だけの特別な異装習俗

節分の話を一つ。

私は昨年暮れに『京のオバケ――四季の暮しとまじないの文化――』(文春新書、筆名・真矢都《まやみやこ》)と題した小著を上梓した。

ここでの「お化け」とは、半世紀ほど前まで京阪で盛んに行われていた、節分の一晩だけに許される異装の習俗である。

現代では花街の行事と見る向きもあるが、往年は町方でも盛んに行われ、年輩の女性たちが桃割れを結い、振りそでをまとって若返り、年ごろの娘たちは奥さん風の姿になって良縁を祈願した。子どもたちが一足飛びに年寄りを真似たのは、長寿のまじない。現代でも少数ながら花街で紅をさして女装で遊ぶだんな衆がいるし、「お化けの会」を結成して思い思いのキャラクターに化けて練り歩くグループもある。

立春をひかえた節分の晩には髪形や装束はもちろん、さまざまな秩序や規制がいったん解かれると信じられてきた。往年の「お化け」を記憶している人々は、鬼をだまして福をもらうのだといい、別の人格に化けることで厄を落とし延命を願うのだともいう。また、節分が聖なる年越しの夜であることからすれば、「お化け」には春をことほぐ異形の来訪神（例えば秋田のなまはげのような）としての一面を見ることもできるだろう。

「お化け」は京阪のみならず、古い城下町や各地の花街で行われていたとも聞くが、兵庫県加古《かこ》川《がわ》市に在住の高倉美津子《たかくらみつこ》さんから、旧満州の四平街《しへいがい》（中華人民共和国吉林省《きつりんしょう》四平市《しへいし》）に入植した日本人の間でも行われていたというお便りを頂戴したときには、心が震えた。早速お訪ねすれば八三歳の現在も畑を耕す元気な方で、色とりどりの衣装をまとって厳寒の地での春を迎える大人たちの不思議な姿を、少女の日の鮮烈な記憶として語って下さったのだった。

現代社会ではコスプレなる習俗が日常のものとなり、京の町では変身舞妓サロンが繁盛している。しかし節分の「お化け」は一年で一夜だけの、特別な異装。気の早い話と笑われるが、この夏、私たちは多くの方々に「節分お化け」を体験していただくために、準備に奔走している。

（真下美弥子）

女学生になった熟年女性とレトロなメイド姿の女子大生

蓑笠の鬼

理想郷の島から福を授けに

『枕草子』、「虫は」の章で清少納言は、いろいろの興味をひかれる虫をあげた後に、「蓑虫いとあはれなり」と切り出している。蓑虫は鬼の子だから大きくなると親に似て恐ろしい心を持つようになるに違いないというので、もう一方の親が粗末な着物を着せて、「秋風が吹く頃に迎えに来るから待っておいで」と言い置いて逃げて行ってしまった。それを知らないで、秋風の吹く頃になると、親を恋しがって「ちちよ、ちちよ」とはかなげに泣く、たいそう「あはれ」だと述べている。

「あはれ」という古語は、気の毒、かわいそうというのではない、しみじみとした感動を表す言葉である。深まり行く秋、二度と帰っては来ない親をはかなげな声で呼ぶ蓑虫は、むくつけき衣をまとっているのでなおさら「あはれ」を誘う。もっとも、蓑虫は鳴くことはなく、オケラなどの声を聞き違えたのだというのだが。

蓑虫が鬼の子だというのは、鬼は隠れ蓑笠を着てやって来るという伝承を背景としている。「隠れ蓑」というと、昔話では天狗の持ち物ということになっているが、もともとは鬼のイメージと密接にかかわっていたらしい。狂言の『節分』に登場する鬼もやはり隠れ蓑笠を着て登場する。この鬼は、節分という年の変わり目に、地獄ではなく蓬莱の島から福を授けにやって来る。蓬莱はいうまでもなく仙人が住む一種の理想郷である。人間にとってこの鬼はありがたいはずの存在で、姿に

鬼と蓑、打ち出の小槌（『一寸法師』）

似ずいかにも人が良さそうである。

しかし、狂言の中のたくましいオカミサンはそんなことにお構いなく、彼女の色香に迷っている鬼から打ち出の小槌をはじめとする宝物をまんまと奪ったあげく、豆で追い払ってしまう。ここでの鬼はひたすら滑稽な役回りだが、打ち捨てられた鬼の子と同じくらい「あはれ」な存在ともいえる。

（西岡陽子）

多眼の呪力

目は文化的には神秘的な力を発揮する

手塚治虫の『三つ目が通る』というマンガをご存じだろうか。この作品は、写楽という中学生が主人公で、彼は、眉間に第三の目を持っており、普段は絆創膏で隠されているが、絆創膏がはがされて額の目が現れたとき、極めて超人的かつ悪魔的な能力を発揮するようになる。第三の目は、写楽の神秘力の源泉として重要な役割を与えられているわけである。

目の怪異といえば、「一つ目小僧」がよく知られているが、逆に多眼にも人々は古くから神秘性を認めていた。例えば『平家物語』に、清盛が見た夢の話としてそうした目の多い妖怪のことが見えている。

清盛が縁側にいると庭の東西から二つの髑髏が出てきた。ふとみると後から何千何万という髑髏が次々と出てくるではないか。それぞれの髑髏には一つの目があったが、やがてそれらは積み重なって大きな塊となり、たくさんの目で清盛を睨みつけた。そこで清盛も負けじとにらみ返すと、やがて髑髏たちは一同にドッと笑い跡形もなく消えてしまった。

この妖怪については、江戸時代の鳥山石燕《とりやませきえん》が『今昔《こんじゃく》百鬼拾遺《ひゃっきしゅうい》』という本の中で目競《めくらべ》という名で図像化している。ほかに目の多い妖怪について幾つかあげるならば、まず百々目鬼《どどめき》がある。これは手の長い女が他人の銭（鳥目）を盗んでばかりいたため、腕に百の目が現れ出ている妖怪である。また、かつて碁打ちの住んでいた廃屋には、障子の格子一つひとつに目が浮き出る目目連《もくもくれん》なるものがいるという。

京都の平安神宮や吉田神社、そして鞍馬寺などの節分会では、方相氏《ホウソウシ》なるものが出て悪鬼を追い払うことになっている。この方相氏も、実は四つの目を持つ存在である。また地域によっては、目《め》籠《かご》を竿の先につけて高く上げ、一つ目と信じられている悪霊を排除するところがある。この場合ひとつひとつの「かごの目」が文字通り「眼」に見たてられているわけで、一に対して多で対抗しようとするのである。むろん、こうした習俗は、多眼が人力を超越したパワーの源泉であると考えられていたからこそ成り立つものである。

目は、生物学的には物を見る器官だが、文化的には神秘的な力を発現する源であり、手塚の『三つ目が通る』は、そうした観念に何らか交絡する作品だったともいえるだろう。

（橋本章彦）

方相氏（http://www.hi-ho.ne.jp/kyoto/setubun-3.html より転載）

お茶講

遊び心で地域の連帯感を深める

新茶の馥郁《ふくいく》たる香りに身も心も和む時季である。日本人は古くから喫茶についてさまざまな楽しみ方を生み出してきたのであるが、群馬県中之条町五反田白久保地区で毎年二月二四日の夜に行われるお茶講もその一例である。

これは、参会したメンバーでお茶の味を飲み当てるという遊びで、中世の京都で爆発的に流行していた闘茶《とうちゃ》（何種類かの茶を飲み分けて、かけ物を取り合う遊芸）が、同地区の村寄り合いの民俗行事として今日まで伝えられている。

お茶講で飲まれるお茶とはチンピ（ミカンの皮）、甘茶、シブ茶の配合によって作られる四種類のブレンド茶。この四服を事前に飲み覚えた後、七服のお茶を味わい、茶の種類を当てるというもの。意外にも大人に混じって子どもの参加が多く、当たった人には褒美としてアメが与えられる。当てた喜び、外れた悔しさ、単純な遊びに熱中してしまうのは大人も子どもも昔も今も変わらない。

そもそもお茶講はハレの場の神事として伝えられ、参会者は全員平等に扱われる。飲酒はなく日常の馬鹿騒ぎが、ハレの場に反映されないようにもなっている。程よくかしこまり、程よく遊ぶという暗黙のルールの中、ゲームとしてもよく考えられており、世代を超えて楽しめる魅力にあふれている。

献茶の道具（播磨国総社・姫路市）

昭和一〇年ごろは年二回お茶講が開かれていたが、戦後、急速に生活様式や農業形態が変化し、昭和三八年以降は二月二四日の一回になり現在に至っているという。

時代に合わせてお茶講のスタイルも変化し続けたのであるが、昔も今も変わらないのは、お茶の味を飲み当てるという手段と、他者との交わりを深め合う目的である。

私たちは他人と仲良くなろうとするとき、自分と他人の間に物を介在させたり、あるいは飲食を通じてコミュニケーション深めようと心を砕くわけだが、お茶講も遊び心を残しつつも連帯意識を深める素朴な儀式として現在に伝えられている例だと思われる。

（徳丸貴尋）

桜のはなし

花を愛《め》で花を怖れる

世の中が春めいてきた。このところ新聞やテレビニュースに桜の開花予報を目にすることが多くなっている。四月は昔から花と日本人の深い結び付きを考えさせられる季節なのだ。

『宇治拾遺物語』上巻の「田舎の児、桜の散るを見て泣く事」は、中世社会における都と農村の生活の違いがよくわかる説話である。春の嵐に散る比叡山の桜を見て田舎出身の稚児が涙を浮かべている。それを見た都の僧は、風雅の情趣を解することのできる子だと感心するのだが、じつは、悲しむ理由はほかにあった。「こんなに風の強い日がつづいては故郷の麦の花まで散らしてしまいます。父さんが苦労して作っているのに、かわいそうに……」。自然の顔色をうかがいながら、常に凶作を怖れる農村の暮らしと、花を愛でる都人の感情。両者のちぐはぐなやりとりをみごとに点描した説話編者の視線が『宇治拾遺物語』の一節に、にじんでいる。

一方、この話の背後には、花の散り方や開花期間の長短によって田畑の豊凶を占う古い農事の民俗が深くかかわっているであろう。古代・平安の都では、落花とともに病をはやらせる行疫神《ぎょうやくしん》へのオソレから、花鎮めのまつりが行われていた。『令《りょうの》義解《ぎげ》』（九世紀前半、八三三成立とも）には、花片の散るにつれて疫神が世に広まるので鎮花祭を行う必要があると書かれている。京都市北区・今宮神社の「やすらいまつり」（やすらい花）などは、平安時代の鎮花祭を今日に伝えたものといわ

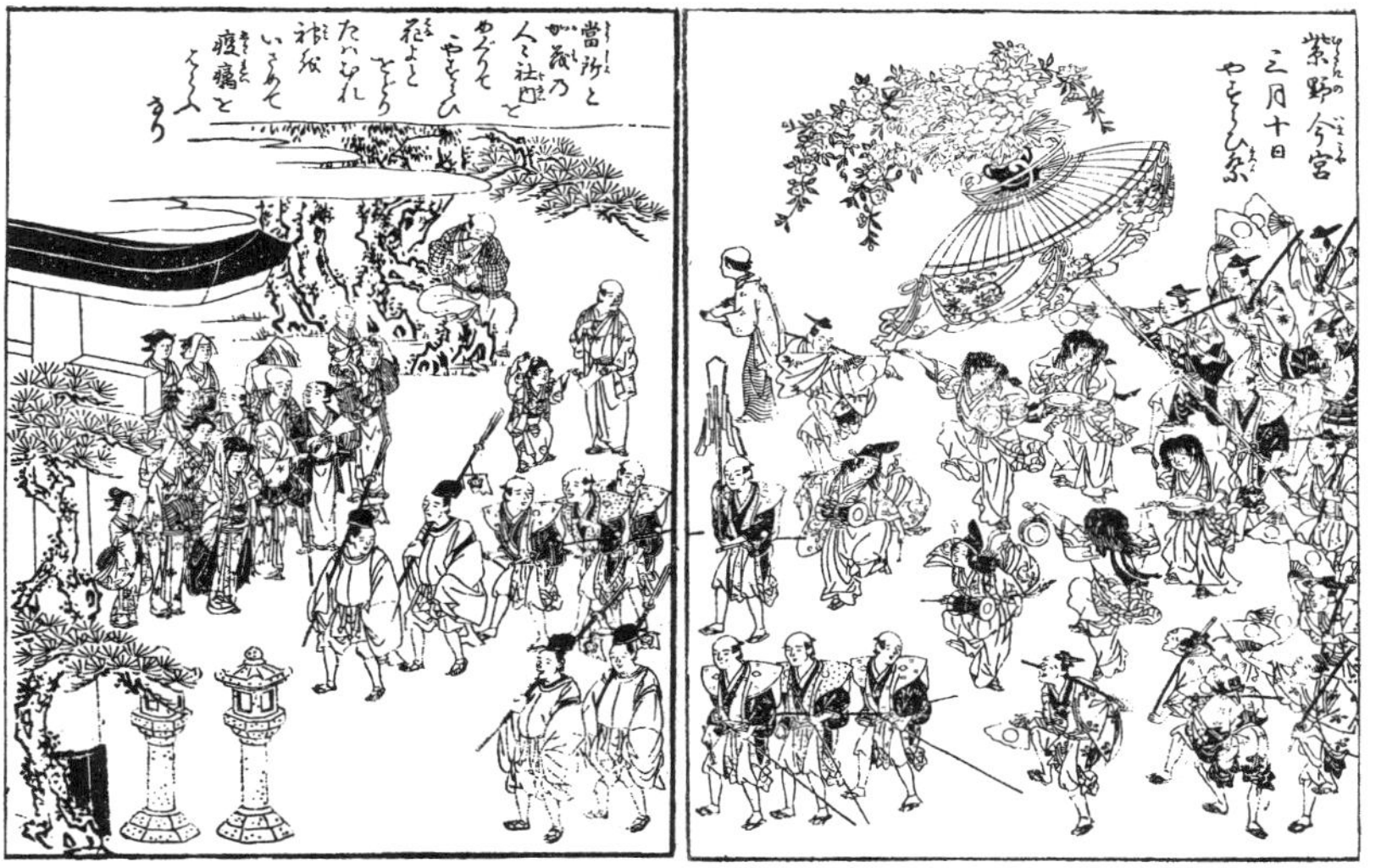

今宮神社のやすらい祭（『都名所図会』巻之六）

れている。毎年四月の第二日曜日、古風の行装で笛や鉦鼓を吹きならしながら「やすらい花や」と囃して境内を踊り回る伝統の祭りである。古い民俗のなかでは、桜の咲く頃は疫病の季節でもあったわけだ。

現代社会の花粉症のひどさ（筆者もかかっている）を考えると、花鎮めが過去の信仰伝承と思えなくなってくる。都会の生活者は、きっと、レーザー治療や新薬による新たな「鼻鎮め」の医療儀礼を生み出していくのだろう。

（堤　邦彦）

春よサヨナラ

蕪村の見た幻影

春の季節が去って行く。そこで、「行く春」を季題にした江戸中期の妙吟を一句。

ゆく春や　美人おのれに　背《そむ》くかな

なまめかしく暖かな季節のうつろいは、まるで優しかったあの女が、何も言わずにアパートを出て行く時のようだ……。作者は郷愁の詩人・与謝蕪村（一七一六〜一七八三）。春の神が女神と信じられた時代の民俗による句作であるが、何やら別れのリアリティが漂うところに、一八世紀の都会の感性と民俗心意の融合が感じられる。

さらにまた、蕪村句には、平安貴族社会の物語のひとこまを連想させる説話的情趣の作風が目につく。

ゆく春や　同車の君の　ささめごと

姫君のお乗りになった牛車に忍び込んだ色ごのみの貴公子が耳もとでしきりに囁いている。春の陽光のもと、うす暗い牛車の中に甘美な、そして危険な恋のにおいが充満している。いつの世にも春は人の心を狂わせるものである。

世間を騒がせるのは恋の病ばかりではない。季節の変わり目に市中をおそった疱瘡《ほうそう》の流行も、暮春とともに沈静化して行く。それもこれも厄除けの護符で名高い比叡山横河《よかわ》の元三大師様のおかげだ、とおどけてみせる生活詠の蕪村句にこんなのがある。

　ゆく春や　横河へのぼる　疱《いも》の神

江戸の民俗生活では、赤い紙の疱瘡除けの呪符を春のおわりに川に流す風習が知られていた。

　ゆく春や　川をながるる　疱の神

あの守り札はいったいどこへ流れ着くのだろう。もの憂い春風に、ふとそんなことを考えてしまう。岸辺を逍遥する蕪村の心に、身辺の季節感にからめて人生のゆくえが幻視されたのかもしれない。

　歩き歩き　物おもふ春の　ゆくへかな

元三大師呪符（埼玉県・喜多院）

桜の花に疲れたら、地下街の雑踏を独歩するのもよかろう。平成の蕪村を探して……。

（堤　邦彦）

「成らねば切るぞ」年中行事の思い出

昔は、どこの家にも柿の木があった。小さい頃、登って遊んでいると母は、柿の木は裂けやすい木だから危ない、登ってはいけないといつも小言を言った。私の家にあった柿の木は、戦後の慌《あわ》ただしい時代に手入れもせずに放っておいたせいか、少しずつ実を結ばなくなり、いつの間にか枯れてしまった。

大正生まれだった母は、自分の母親が春、柿の木の前で「成るか、成らぬか、成らねば切るぞ」と呟いていたと話したことがある。成人してから、各地を訪れて初めて知ったことであるが、この唱え言は、方言の違いはあるにせよ、日本の各地で伝えられていた。

ある時、「成るか、成らぬか」という言葉を大人が尋ね、「成らねば切るぞ」と脅すとたちまち、木になりすました子どもが「成ります、成ります」と答える劇仕立ての唱え言を見た。そのような行事は、どこでも行われたわけではないだろうが、唱え言に託された豊饒《ほうじよう》を願う心性に変わりはなかったであろう。

この唱え言は、木に対して「成るか、成らぬか」と尋ねてはいるが、「成らねば切るぞ」と脅かしているから、木の側からすると実を結ぶ以外に選択肢はない。このような滑稽にして知恵のこもる言葉を考え出した古人に、われわれは敬服するより他はない。

教育咄猿蟹合戦（国立国会図書館デジタルコレクション）

昔話「猿蟹合戦」の採録の中にも、おむすびを猿と交換して手に入れた柿の種を、蟹がまいて芽を育てるときに、この唱え言を組み込んでいる事例がある。

今でこそ農村といわず都市と言わず、昔話は消え失せようとしているけれども、語り手はもともとお爺さんやお婆さんたちであった。仕事に忙しい父母の代わりに、孫たちに昔話を語って聞かせたのは老人である。それは老人が、労働力として期待されていなかったわけでもなく、暇をもて余していたというわけでもない。老人には、父母のかなわない経験と知恵の蓄積がある。それを孫たちに伝えることこそ、文化の伝承という最も大切な仕事だった。

昔話「姥捨山」は、老人の知恵と経験と、溢れるような親子の情愛を伝えている。老人に対する尊敬とは本来、疲れ果てていうことをきかなくなった体に対する若者の配慮であるよりも、そのような形のないものに対する畏敬の念でなければならない。

（廣田　收）

お盆の起源

人の死を処理するための民俗的なシステム

旧暦の七月は、お盆の期間だった。現在は、ひと月遅れの八月に行うところが多いが、江戸時代以前では、七月一五日を中心とした前後の時期が普通であった。この期間、亡くなった近親者の霊魂が、家にもどってきて家族とともに過ごすと信じられている。その霊魂を「迎え」「祀り（もてなし）」そして「送り返す」ための行事として行われる。すでに一四〇〇年もの伝統がある。

盆の始まりについては『仏説盂蘭盆経《ぶっせつうらぼんきょう》』にもとづき、次のような話をするのが普通である。

釈迦の高弟の一人目蓮尊者が神通力で亡き母の生まれかわったところを探した。が、なんと母は餓鬼道に堕ちているではないか。目蓮はただちに飯を母の元へ送るが、彼女がその飯を手にとって口に運ぼうとしても、ことごとく木炭となって食することができない。母の苦しみを目の当たりにした目蓮は、あまりの悲しさに仏に助力を乞う。仏は七月一五日の僧自恣《じし》（僧侶が罪過を懺悔する会）の日には、多くの僧が一カ所に集まっているから、百味五果をもってそれらの僧に供養して、その多くの僧の力にすがれば救われるであろうと告げ、目蓮は、それに従って母を餓鬼道の苦しみから救った。これにより盆が始まった、という。

本経は、対応するサンスクリット語原本やチベット語訳などが、いまだに発見されないことや内容的にも孝養の重視や道教の影響など中国的な要素が多分に見られることから、中国で撰述された、偽経であると考えられている。従って、この経は盂蘭盆会の歴史的起源を必ずしも正しく投影したものとは言いにくい。

現在では、盂蘭盆はイラン語で「死者の霊魂」を意味するウルヴァン（ｕｒｖａｎ）からきた言葉で、サマルカンド地方を本拠として活躍した交易の民ゾクド人の霊魂祭を起源に、その中国への招来に伴って畑作の収穫祭としての中元（七月一五日）と結合し、仏教徒が自恣の日と結びつけることでその原型が成立した、とする説が提起されている。

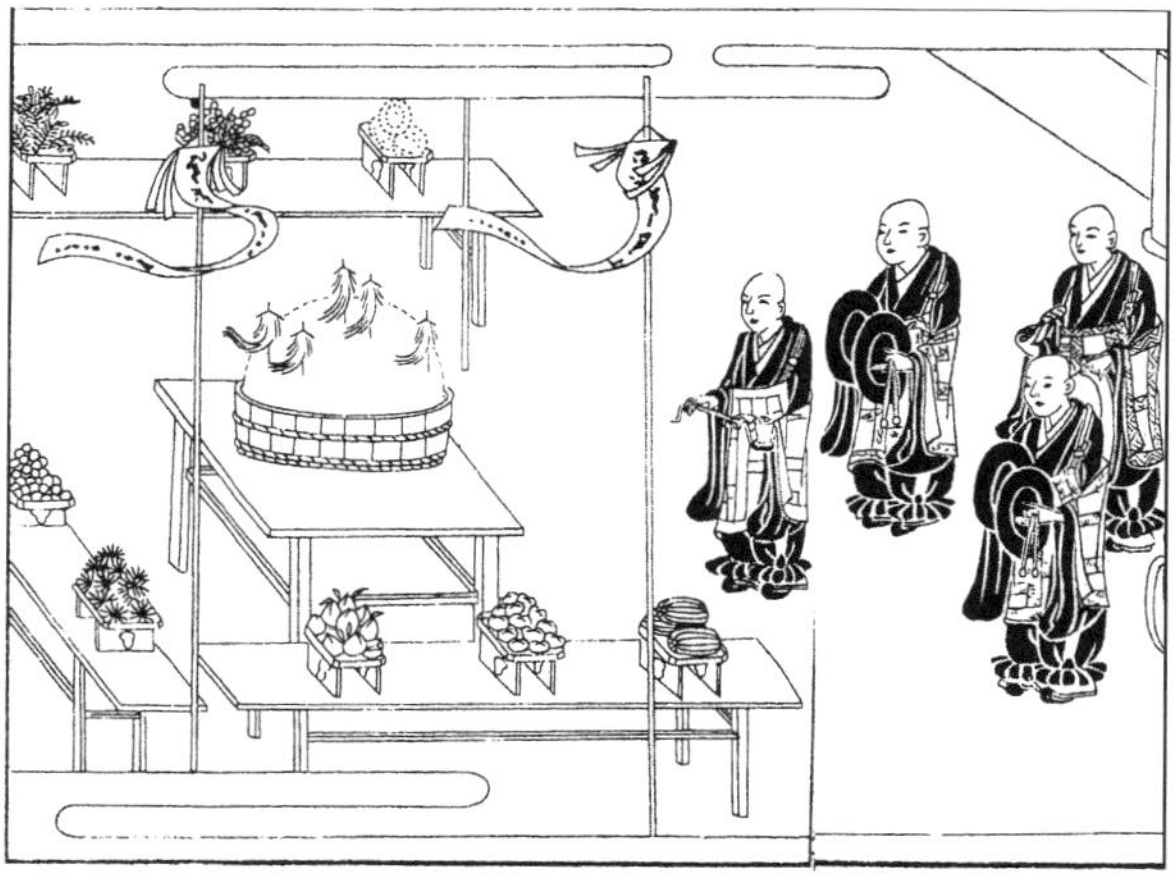
施餓鬼会（『大和耕作絵抄』　ヴィジュアル百科江戸事情第１巻より転載）

盆行事は一見、死者のために行われているように見えて、実は生きている人のためになっているという点には注意しておいて良いだろう。生者は、毎年この行事を繰り返し、亡者と精神的に再会することで、最愛の人を失った悲しみを均《なら》し、かつ自分の死をも準備しているのである。人に必ずやってくる死、それを処理するための民俗的なシステム、それが盆であると言えるであろう。

（橋本章彦）

土俗の記憶

雨乞いと米価

「商」と「農」の対立

ことしは台風の多い年であった。夏のあいだ毎週のようにテレビは各地の被害を伝えていた。降り過ぎれば洪水を引き起こす大雨だが、降らなければ田は干上がる。人間の思い通りにはならない自然の脅威に対して、昔から水の神の機嫌を損ねまいとする儀式やまつりが行われてきた。ことに雨乞いの習俗は、朝廷・幕府が公に行う国家規模のものから、村里に伝承された共同祈願にいたるまで、じつに多彩な民俗文化を今日に伝えている。

雨乞いの方法は、社寺への参拝はもとより、作り物の竜蛇や仏像・神輿を水辺に運び出して太鼓・踊りで囃したり、特定の霊地から貰って来た聖水を川や田にそそぐなど、地方色豊かな地元の習俗にこと欠かない。雨乞いのみならず、大雨を止める場合にも、さまざまな儀礼が試みられてきた。

ところで、請雨・止水の民俗で少々風変わりなものに、「水神のすむ池をかき回す」、「牛馬の首や汚物、金物を水底に沈める」等の行為によって水神をわざと怒らせる奇習がある。人々は自然神にひれ伏し崇めるばかりではなく、適度に機嫌を損ねることで、日照りや長雨といった当面の窮状を打開しようとしたわけである。自然を上手にコントロールする世俗の知恵と言ってもよかろう。

もっとも、時にはそうした習俗を逆手にとって一儲《ひともう》けしようとする悪知恵さえ、人間は考えつくものである。江戸中期の越中で、実際にこんな事件が起きている。

加賀・飛騨の国境に程近い城端《じょうはな》の山中に「縄ケ池」という神秘の聖泉がある。池の竜女は平安の昔、勇将俵藤《たわらとう》太《た》秀郷《ひでさと》が琵琶湖の竜宮より連れて来た霊験あらたかな水神で、そのため麓の村では、雨乞いの儀式以外には、みだりに池に近付くことを忌避した。特に水神は鉄気を嫌うので、金物の道具を池に落としたりすると暴風雨になると信じられていた。

さて宝暦六年（一七五六）は五月頃から長雨がつづき、夏になっても降り止まないので、農作物が大打撃を受けてしまうのではないかと思われた。

じつは天候不順の原因は、凶作による米価の高騰をもくろむ町の米商人が密かに池に鉄球を投げ入れたからだ、との噂が農民の間にひろまり、翌年には米屋の打ちこわし事件を引き起こす（『川上農乱記』）。その始末は岩倉政治の小説『田螺のうた』に描かれている。いわゆる「城端騒動」の後、奉行所の厳しい取り調べが行われたが、結局、米価操作の主謀者は分からず、いまだに真相は闇の中にある。

宝暦の米騒動は、雨の神をも驚かす人の世の欲望と、狂騒する人情世態を伝えている。同時に、「商」と「農」の対立の構図を浮き彫りにしていることも興味深い歴史のひとこまといえるだろう。

（堤　邦彦）

水辺の風土と念仏の勝利

累ヶ淵の原風景

二〇〇七年に公開された中田秀夫監督の『怪談』は、三遊亭円朝の最高傑作『真景《しんけい》累《かさね》ヶ《が》淵《ふち》』を題材に、日本怪談映画の幻妖美を盛り込んだ作品である。この映画のタイトルバックと終盤のシーンに、深く淀んだ「累ヶ淵」の沼が登場するのは、まさしくそこが説話の源流となった下総羽《は》生《にゅう》村の怨霊調伏事件の現場だったからだ。

元禄三年（一六九〇）刊の『死霊《しりょう》解《げ》脱《だつ》物語《ものがたり》聞書《ききがき》』には入婿の与右衛門に絹川（鬼怒川）の土手から突き落とされて溺死する累の最後と生々しい祟りのありさま、そして飯沼・弘経寺《ぐきょうじ》（茨城県常総市）の浄土僧・祐天による怨霊救済の大団円にいたる物語が描かれている。のちに、累ヶ淵は歌舞伎の舞台や円朝の人情咄をとおして日本怪談の代表作となっていく。

ところで、国文学者の高田衛は怨霊事件の原風景に鬼怒川周辺の「共同幻想的な水神のタタリ信仰」や「タタル水死霊への民俗的祭祀」の風土記憶を想察している（『江戸の悪霊祓い師』）。

近世最大の怪異談の地下水脈に、土着化した水神信仰の古層を見抜いた視点は卓見というほかないのだが、一方、祐天と浄土教団の勢力がひろまる以前の下総北部の湿原地帯において、すでに水精や異神を仏法の力で従える水辺の念仏者・親鸞の神話が、累ヶ淵から弘経寺にかけて広がる横曽根台地の村里に行きわたっていた点も見逃せない。歴史的にいえば、そこは原始真宗・横曽根門徒の故郷《ふるさと》でもあるわけだ。

そもそも北関東の下総一帯は、多くの内陸湿原を風土的な特色とする。利根、鬼怒、小貝の川筋が織りなす遊水池を生み出し、台風シーズンの到来ともなれば田も畑も人も溢れ出る水に呑み込まれる。大規模な治水・干拓事業と水田開発が行われるようになった江戸中期より前の、この地方は、水辺の小丘や半島のように浮かぶ台地が点在する低湿地の景観を見せていたのである。

建保二年（一二一四）の初夏、流罪のすえに関東に入った親鸞は小舟に乗って沼を渡り布法をつづけたという。そのあいまには、犠牲を求める大蛇を封じたり（大覚寺縁起）、嫉妬に狂って蛇身となった女を救済したり（花見岡縁起）、あるいは産死婦の亡霊を成仏させ（無量寿寺縁起）、神異僧としての名声を湿地に住む人々のあいだに浸透させていく。「蛇」「産」のキーワードが水精とリンクすることは今日の民俗学が証明するところであろう。

水辺の妖魔を調伏する親鸞聖人。むろんそれは近代の真宗教義とは異なる宗祖像かもしれない。だが、少なくとも近世版の絵入り本『二十《にじゅう》四《よ》輩《はい》順《じゅん》拝《ぱい》図会《ずえ》』などをひもとくかぎり、水辺の異界に小舟を漕ぎ入れて邪悪な神霊を教化する勝利の念仏者・親鸞の活躍は、真宗史の歴史的事実であった。

水辺の念仏者祐天の水死霊救済が、横曽根台地の東端である「累ヶ淵」を舞台としているのも、まったくの偶然ではないだろう。高田衛が弘経寺をして「怪談の寺」と呼んだ理由がよく分かる。

（堤　邦彦）

真宗の水神教化

親鸞とその弟子

あばれ川の氾濫と水難をくりかえす常陸、下総の内陸湿原に暮らす人々の生活圏にあって、沼沢の土着神を従える念仏者・親鸞のたぐいまれな法力が、関東門徒の信仰を集めたであろうことは想像にかたくない。

花見岡《はなみがおか》の大蛇済度や大覚寺の蛇塚由来などは、親鸞の水精鎮圧をあらわす説話伝承の典型であるわけだが、一方じつによく似た悪龍退治の話が関東諸寺の縁起に散見するのは、これもまた湿地の村里と真宗民俗の接点を示す説話群とみて差し仕えないだろう。

たとえば親鸞の一番弟子である性信《しょうしん》房は、越後流罪から関東入国にいたるまで親鸞と行動をともにした高僧である。二十四輩寺院の第一番である報恩寺（茨城県常総市の下総報恩寺および東京都台東区東上野の坂東報恩寺の二ヶ寺が現存）を開き横曽根門徒の中心となったのもこの性信房であった。

さて、性信が最初に建立した下総報恩寺の周辺には、かつて東西二～三キロ、南北二〇数キロにおよぶ「飯沼」があった。そこを埋め立てて真宗寺院にしたのである。地形を鳥瞰してみたなら、鬼怒川と飯沼の間に小高く盛り上がる横曽根台地が横たわり、西麓の岸辺に新たに報恩寺を建てたことになる。いわば沼のほとりに峙《そばだ》つ宗教聖地ともいえる景観であったろう。

寺の開創にあたり、埋めた沼の主が女の姿になって性信のもとにあらわれ出たという伝承がある。

『二《に》十《じゅう》四《よ》輩《はい》散《さん》在《ざい》記《き》』によれば、沼を埋められて住む所がなくなった主は、寺の門前の川に潜み参詣の人々をおびやかすようになる。親鸞は女に化身した邪神に対して激しい口調で言い放つ。

たしかにお前の言い分も一理ある。だが阿弥陀様にお参りする我が門徒の邪魔をするとは何事ぞ！すぐにここを立ち去るのじゃ！

妖婦は聖人の気迫に言葉も出ず、すごすごと「常陸国三又《みつまた》」の沼に去ったという。

それからしばらくして、性信は布教の途中、小舟に乗って三又の淵を通りかかる。折からの風雨で舟が転覆しそうになったため、剣を水底に投じてこと無きを得る。帰路ふたたび三又を渡ると、頭の上に剣をいただいた姿の大蛇が現れ、これを性信に返したという。現在、宝剣は東上野の坂東報恩寺の寺宝「竜返《りゅうかえし》の宝剣」となっており、霊験のありさまを描いた掛け幅絵伝（明治期）とともに性信の念仏力をしのぶ宝物となっている。

竜返の宝剣（『二十四輩順拝図会』）

　宗祖親鸞のみならず、下総の水辺を念仏信仰の聖地とした初期真宗僧の土着性、民俗性を如実に示す伝承ではないだろうか。

（堤　邦彦）

大内裏バラバラ殺人事件

鬼は人の残虐性の具象表現

鬼は不思議な、と言うよりもよくわからない存在だ。なぜなら、状況によって人間に危害を加えたり、逆に人間のために働いてくれたりするからである。しかも、鬼は実在するのではなく、おそらく人間の作りだしたものに違いないから、人の精神のある部分の投影でもあるはずだ。

ところで、『三代実録《さんだいじつろく》』という歴史書がある。これはいわゆる『六国史《りっこくし》』といい、奈良朝から平安時代にかけて六種類作られた正史の一つ。その仁和三年（八八七）の記録に次のような話が記されている。

三人の若い女性が大内裏の中を歩いていた。それも日が暮れてのことだった。三人が「宴の松原」といわれる松林の側に通りがかったときの話である。

松の影から一人の若い男が現れた。彼は三人のうち一人の女の手を引いて松の木陰に消えていく。残された女たちは、恋人との逢瀬なのだろうとしばらく待つことにした。だが、いつまでたっても帰ってこない。ヤボなことと感じながらも、意を決して彼女が消えた松の木陰へと様子をうかがいに行く。そこで彼女たちは身の毛のよだつような光景を目にする。

何と、女の死がいがバラバラになって散らばっていたのである。驚いた彼女たちは、すぐさま衛門府に走り込み、事の次第を告げる。警護の武士たちは、事件現場へと向かった。しかし、武士たちが着いたときには、死体は跡形もなく消え、あとには土にしみついた血のあとがあるだけだった。この凄惨な事件について、人々は鬼の仕業に違いないとうわさしあったという。

当時の人たちが現実におこった残酷な事件を人間の仕業ではなく、異界の鬼の所行にしてしまっているところは、考えてみれば興味深いことである。そこには、そんな残酷なことを人間がするはずがない、という人へのある種の信頼が横たわっている。だが、それはあまりにも無邪気な理解であったといえるかもしれない。なぜならば、こんな残忍な鬼もまた人間たちの作りだしたもののはずだからだ。

人の残虐性の具象的表現、それが鬼であることに気づかなかった平安時代の人は、はたして現代人よりも幸せであったかどうか。

（橋本章彦）

宴の松原（京都市上京区）

「たんぼ」と熊野比丘尼

雨乞いで霊験、干ばつを救う

熊野比丘尼《びくに》と呼ばれた女性たちがいた。戦国時代末から江戸時代にかけて史上に登場する。比丘尼とはいえ、正式に受戒した尼僧ではなく、僧形の女性たちである。彼女たちは和歌山の熊野三山（本宮大社・速玉大社・那智大社）にあった「本願所」に所属し、社殿堂塔の建立・再興・修理の資金集めを任務としていた。江戸、京都、大坂など各地に赴き、基金調達の勧進に身を投じた。

信仰を勧め資金を集める方法として、地獄極楽の絵図を絵解《えと》きした。したがって絵解き比丘尼とも勧進比丘尼とも呼ばれた。一七世紀半ば以降、熊野の寺院組織（本願所）の規律がゆるむと、統制と規制の枠から離れた彼女たちの一部は、俗謡を歌う唄比丘尼、ひいては春をひさぐ売比丘尼になったという。彼女たちの姿態と行動は、比丘尼という呼称に反するその意外性が世間注視の的となったのである。

歌比丘尼たちは井原西鶴『世間胸算用』、近松門左衛門『主馬判官盛久《しゆめのほうがんもりひさ》』、十返舎一九『東海道中膝栗毛』などに登場する。岩佐又兵衛、西川祐信、菱川師宣、鳥居清重など、当時の著名な絵師や浮世絵作家たちも彼女たちを描いている。

比丘尼たちは全国各地を徘徊し、そのまま諸国の村落に定着する者もいた。新潟佐渡、三重越賀、岐阜大矢田、岡山下笠加には比丘尼末流の寺跡や伝承がある。なかでも福岡市早良区脇山には、私財を投じて灌漑施設を作ったという熊野比丘尼伝承がある。椎原川の断崖に鉤状の堰《せき》を作って用水を引き、田地を潤した。村民はみな恩恵を受け、近くの丘に比丘尼の供養塔を建てた。建碑の時期は不詳とはいえ、寛政一一年（一七九九）『筑前国続風土記付録』は「比丘尼墓」の古図を載せ、同『拾遺』には「熊野尼墓」の記事がある。大正一一年、干ばつのおり、供養塔の前で雨ごいしたところ、たちまちに霊験があって雨が降った。同一三年、人びとは改めて「恩人比丘尼之碑」と刻んだ顕彰碑を建てた。両碑ともキラキラと輝き現存する。

熊野比丘尼供養塔（福岡市・脇山）

田地用水の確保は、いつの世も死活問題であった。熊野・歌比丘尼の零落社会を問う前に、われわれは現代の飽食社会を真摯に問いなおさねばならない。

（根井　浄）

村祭りと「のぞきからくり」

「のぞきからくり」は絵解きの遺産

かつて「のぞきからくり」と呼ばれた大道芸があった。覗機関《のぞきからくり》とも書いた。屋台箱の裏に吊るされた数枚の額縁絵を、前面の腰台《こしだい》に嵌め込まれたレンズ眼鏡を通して覗き見る。演者は棒や竹で台を叩き、巧みなリズムと言葉で絵を説明した。

演題には「安寿と厨子王」「お染久松」「八百屋お七」そして「武夫と浪子」など、昔の説経祭《せつきようさい》文《もん》、浄瑠璃、文芸小説物があった。神社仏閣の祭礼や縁日の広場では、よく見られた光景であった。「からくり」といえば一七世紀半ば大坂で興った竹田からくり芝居で使用された人形が有名である。そのカラクリ人形を箱の中に入れて覗き見せたのが初期の「のぞきからくり」であろう。

「のぞきからくり」には遠近法で描かれた絵＝浮絵《うきえ》、絵柄の中に綿を入れて膨らみをもたせた押《おし》絵《え》が使用された。押絵の文化は羽子板にも見られる。もう一つ、からくり絵として透絵《すかしえ》があった。絵像の一部分を切り抜き、その部分の裏に薄い白紙を貼り付けた絵である。後方から蝋燭や光りを当てると、切り抜き部分が鮮やかになり、実体感と臨場感あふれるように細工された絵である。

現存する「のぞきからくり」はもう少ない。だが長崎県南島原市深江町では平成一〇年に復興された。「のぞきからくり」のもっとも普遍的な演題であった「地獄極楽」の絵と詞章が保存、継承されている。その一節「賽の河原の子どもたち、十歳《とお》にたりない幼子《おさなご》が、賽の河原に集まって、一つ積んでは母のため、二つ積んでは父のため、三つ四つと積むなれば、昼間《ひるま》は機嫌よく遊べども、日の入あいの其の頃にや、赤鬼青鬼出《いで》て来て、積んだカワラを打ち砕く」とある。かつて全国各地で語られた賽の河原和讃（歌）である。

お盆を経て秋の収穫期が終わると、村々の鎮守では秋祭りが始まる。「ドンドンヒャララ、ドンヒャララ、朝から聞える笛太鼓」。こんな歌を思い出す。松虫や鈴虫たちも「チンチロチンチロ、チンチロリン」「リンリンリンリン、リインリン」と鳴き出して踊ることであろう。

のぞきからくり図（長谷川光信『絵本家賀御伽』）

かつて町や村の祭場で見かけられた大道芸や語り物は、娯楽性とともに、その日、その場で、大人も子どもにも、道義心や道徳心はもちろん、動植物の小さな生命の営みを教えることでもあった。

（根井　浄）

陰膳のこと

戦争の中で出征兵士の無事を祈る

陰膳《かげぜん》とは、旅に出た者や、遭難者の無事を祈って行われたもの。その人が普段座っていた場所や床の間に写真をたてて、その前に食事を供える習俗だ。なかには、嫁や婿を出した家が、一定の期日に陰膳をすえる地域もあった。日本全土において、アテゼン、ヨソイゼン、ウシロゼン、トクノゼンなど、さまざまな名で呼ばれ、行われてきた。

近代では日露戦争のころ、出征した兵士の無事を祈るものとして流行。暖かい汁を入れた容器の蓋が、露で満たされていた場合は、出征兵士が無事であるという占いのようなものまで付け加わった。羹《あつもの》を器に入れて蓋をすれば、その裏に水滴がつくのは当たり前だが、そのことで心を安堵させたのであろう。

陰膳は、アジア・太平洋戦争下においても広く行われた。『主婦之友』（一九三七年九月号）には、

母子そろって、陰膳に　良人《おっと》を偲ぶ夕まぐれ、さぞや戦地はお暑かろ
咲いた大和の女郎花《おみなえし》、女なれどもお留守居は　必ず立派につとめます
母子《おやこ》三人、しめやかに　床の写真を仰ぐとき、また号外の鈴の音

という詩が掲載されている。最後にある「号外の鈴の音」については、年配の方ならご存じであろう。少し前まで号外は腰に鈴を着けた配達人が走りながら道にまいていったのであるが、走る時に腰の鈴が鳴るのである。人々はその鈴の音で号外が出たことを知った。むろん号外は今と同じで何か重大な事件が起こったときに出るものであった。この雑誌が出版された年の七月には蘆溝橋《ろこうきょう》事件が勃発、日中戦争に突入した。戦争初期（一九三七〜四一年）の戦死者は一九万人にも及んだ。

民俗学者・鈴木棠三は、一九三七年一二月の時点で「今度の事変が始まってから、今まで眠ってゐたかに思はれたいろ〳〵な信仰が一斉に復活した」と記している。復活とは日露戦争の時のことが再び……という意味である。その理由には、日露戦争のときと同様、兵士の大動員がおこなわれそれに伴って、身近な人から出征者・戦死者・戦傷者などが多くなったことと密接にかかわっていると思われる。

戦時という異常な世相の中で生まれ出た習俗は、われわれ自身の心性を探るに最も良い材料となるのかもしれない。

（橋本章彦）

津田三蔵の錯誤

根も葉もない噂から大事件に

明治二四年（一八九一）五月一一日、時のロシア皇太子ニコライが、日本訪問のおり、遊覧のため滋賀県大津に立ち寄っていた。午後一時五〇分ころ、沿道を警備していた巡査の一人、津田三蔵が、目の前を通りかかったニコライに突然サーベルを抜いて襲いかかる。津田はその場で取り押さえられたが、皇太子は頭部に二太刀の傷を負う。世にいうところの大津事件である。

事件後、大国ロシアとの関係悪化を恐れた政府は、大逆罪（皇室に対する罪）を適用して津田を死刑にするよう司法に画策する。しかし、ときの大審院長・児島惟謙は、大逆罪は外国の皇族には適用されないと主張し、通例の謀殺未遂罪によって無期徒刑の判決を下す。近代国家形成の過程で司法権の独立を内外に示した例として、教科書にも載せられた事件であった。

ところで、この少し前、世にも不思議な噂が世上に流れる。明治一〇年（一八七七）、西南戦争のおり、鹿児島の城山で戦死したはずの西郷隆盛以下の諸将が、ニコライの訪問に伴って日本に帰ってくると言うのである。

明治二四年四月一日付の「関西日報」によれば、城山陥落の二日前、西郷らはひそかにある島に逃れ、そこに停泊していたロシアの軍艦に乗り、彼の国へ渡った。そこでロシア兵を訓練していたが、後に黒田清隆が西郷と面会し、皇太子訪問にあわせて日本に帰ると約束したというのである。

この噂に関連して、西郷とニコライが並んで描かれた肖像画や、西郷がニコライとともに上陸する錦絵などがつくられた。この話は世上に大きく喧伝されていたのである。

また、四月九日付「日出新聞」では、西郷が帰ってくれれば、西南戦争の受勲者の勲章を取りあげるだろうという明治天皇の談話なるものを報じている。津田は西南戦争に陸軍軍曹として従軍し、勲章を受けていた。そして彼は、これらの噂を本気で信じていたらしい。

公判記録における津田の証言によれば、一連の西郷帰国説が、確かにニコライ襲撃の動機の一つとなっていたという。むろん、それらは何の根拠も持たないいわゆる流言であった。当時、日本では、皇太子は日本侵略に備えて偵察に来るのだという噂も一方で流れていたから、英雄西郷の帰国説は、そうした噂を背景にした人々の漠然とした不安と何らか連動したものであったと見てよい。

遭難碑（滋賀県大津市）

大津事件は、根も葉もない噂話が、歴史に大きくかかわった、そうした事例としても注目される出来事であった。ちなみに、この惨劇の一〇数年後、ニコライは皇帝として日露戦争を戦うことになる。

（橋本章彦）

弁慶と牛若丸

華麗な空中芸の舞台、五条の橋の実像は？

「京の五条の橋の上……」の歌で知られる、弁慶と牛若丸。擬宝珠の付いた橋の上で、ひらりと空中に飛び上がる牛若丸の姿は、絵本や時代劇でもおなじみである。二人が五条橋で対決したという話は、およそ室町時代頃から流行した、いわばフィクションでありながら、五条橋のイメージを代表する逸話として、今日まで語り伝えられてきた。

ところで、この伝説の舞台となった「五条の橋」とは、実際にはどんな姿だったのであろうか。

五条橋（中世の五条橋は現在の松原橋にあたる）が描き込まれた資料は限られるが、たとえば中世以降、京の町をモチーフにたびたび描かれた「洛中洛外図屏風」のうち、弁慶と牛若丸の伝説が流行し始めた時期に近いと考えられる伝本を見ると、五条橋は板で作られた簡素な木橋であり、擬宝珠も欄干も付いていない。高下駄で跳ね回りなどしたら鴨川に落ちかねない、素朴な橋なのである。

つまり、二人のアクロバティックな伝説から想像されるような堅固な五条橋が、現実の鴨川に行けばいつも架かっていたかというと、実はそうとは限らなかった。

また五条橋は、中世にはしばしば洪水で流されている。つまり五条橋が「存在しなかった」時期も、相当あったらしい。

では、牛若丸の時代まで遡るとどうか。牛若丸とほぼ同時代の平安末期に編まれた流行歌謡集『梁塵《りょうじん》秘《ひ》抄《しょう》』では、五条の橋を「石橋よ」と謡っている。このことから、この時期の五条橋はすでに石造りの橋だったのではないかと見られている。

しかし、実はこれもなかなかそうと決めがたい。古代の和歌の世界では、「石橋」とは石を並べた「飛び石」を指すことが多いからである。となると『梁塵秘抄』の「石橋」も、飛び石を指している可能性がある。

洛中洛外図屏風（米沢市・上杉博物館蔵）

実際の牛若丸が渡っていたのは、素朴な飛び石か、簡素な木橋だったかもしれない。

しかし史実がどうであれ、人々は、大橋の上で空中芸をこなす、華麗な牛若丸像を好んだ。石橋を叩いて渡るような牛若丸だったら、ここまでの英雄にはなれなかったに違いない。

（雨野弥生）

鹿を殺した少年

神鹿に危害を加えたら厳しく処罰

二〇一〇年は、奈良・平城京遷都一三〇〇年。そのイメージキャラクターである童子の頭から鹿の角を生やした「せんとくん」が全国に物議を醸し出したことは記憶に新しい。

奈良と鹿の結びつきは、春日大社の神様が鹿に乗って降り立ったと伝えられていることに始まる。そのため古くから「神鹿《しんろく》」と呼んで大切にされてきた。室町時代の興福寺《こうふくじ》（春日大社の別当寺であった）の記録『大乗院寺社雑事記《だいじょういんじしゃぞうじき》』には、人が鹿に危害を加えようものなら、故意・過失にかかわらず容赦のない処罰が加えられた記事が多く記されている。犯人は、原則的に死刑にされており、場合によっては、処断の対象が兄弟や六親にまで及んだ例も見受けられるから、極めて厳しいものだった。

このような中から、江戸時代、近松判二の浄瑠璃『妹背《いもせ》山《やま》婦女《おんな》庭訓《ていきん》』の中に取り入れられて世間に広まった「十三鐘の石子詰め」と呼ばれている悲劇的な伝説がある。この話は、興福寺の菩提院にまつられている稚児観音とも呼ばれている観音さまにまつわるもの。

三作という少年が、習字の手習いをしていた。彼がふとよそ見をしたすきに、そばにいた鹿が紙を食べてしまう。怒った三作は、持っていた筆を鹿に投げつけたところ、当たり所が悪かったのか

死んでしまった。神鹿殺害人の追求は子どもであろうと厳しく、三作は、捕縛され石子詰めの刑に処せられた。わが子を奪われた母は、菩提院に塔をたて、そのそばに供養のための紅葉を植えた。俗に言う鹿と紅葉の取り合わせはこのことからきているという。

「奈良の早起き」という言葉がある。それは、もし家の前で鹿が死んでいたら、とてもやっかいなので、誰よりも早く起きてそれを確認したことからきている。

優雅に遊ぶ鹿も、そこに住む人々にとっては迷惑な存在だった時代もかつてはあったのである。

（橋本章彦）

民俗世界の母乳

子の成長を願う心は今も昔もかわりなし

初めての授乳のことを乳《ち》つけというが、かつては呪術的意味合いの強い習俗であった。その場合、他人の乳を飲ませることが行われた。男児ならば女の子の母親、女児ならば男の子の母親の乳を飲ませたという。こうすることで縁が早くつくと信じられた地域もあった。

また体が弱い子どもの場合、丈夫な子を持つ人からの乳を飲ませることも行われた。逆に避けられるのは、同年齢の子を持つ親であった。年齢が近いと互いの〝力〟が同程度であり、そのために、才能もさることながら運についてもどちらかが勝ったり負けたりしやすいというのである。

古い時代は、もちろん人工乳などはなかったから、乳が出ないことは子どもの生死にかかわる一大事であった。そのため乳の出をよくするためのさまざまなおまじないが行われた。

例えば、和歌山県高野山麓の慈尊院《じそんいん》に伝わる江戸時代の文書には、「ちち滝」へ「乳水《ちちみず》」をもらいに行く話が見えている。その水でカユを炊いて食べると乳が出るようになるというのである。慈尊院は、もともと弘法大師の母公の住んだところで、その死後廟を造って弥勒菩薩をまつった。その弥勒菩薩は、母公の化身という信仰もある。ただし近現代の慈尊院では、いつのころからか布と米で乳房の形をつくり、それを奉納すれば良いというユニークな信仰があった。乳だけでなく婦人病にも効くそうだ。

有吉佐和子著『紀ノ川』（一九五九年刊）に次のような一節がある。

廟の前の柱にぶら下がっている数々の乳房形に気がつくと、しばらく瞑目することを忘れていた。それは羽二重で丸く綿をくるみ、中央を乳首のように絞りあげたもので、大師の母公と弥勒菩薩を祀る霊廟に捧げて安産、授乳、育児を願う乳房の民間信仰であった

もっとも、是を作るのはなかなか難しく、上手な人は誰かに頼まれて作ることもあったという。

乳の出る絵馬（和歌山県・慈尊院　写真提供：九度山町役場）

現在では、この乳房の絵を描いた絵馬を販売したり、あるいは乳房の形を立体で作ったものを板に貼り付けた絵馬なども売られている。ことに後者の場合は、乳癌治療に特化したもので、病気に悩む多くの人々の心のケアに役立っている。

母乳は、いわば白い血液である。子の成長を左右するものであるだけに、人生にも影響を与えるものと認識されたのであろう。そこに呪術的な感覚の入り込むすき間があったということであろうか。

（橋本章彦）

仏教神と民俗神の闘争

毘沙門天、雷神を封じ込める

仏教は民俗世界をどのように取り込んでいったか。今回は、その一例を紹介しよう。摂津に神峰山寺《かぶさんじ》という古刹がある。大阪府高槻市の山間部にあるこの寺は、平安時代の古きよりこの地域における山岳宗教の中心地のひとつとして栄えた。秋には、境内の建物が紅葉のなかにとけ込んで、とても美しい。本尊として祀られているのは、毘沙門天である。毘沙門天といえば、今日では七福神の一尊で、福の神としての信仰が盛んである。しかし、もとは仏教の中で最大かつ最強の護法神であった。

室町時代末期頃に成った神峰山寺の縁起には、興味深いことが記されている。寺では、正月の祈祷の際、般若心経を唱えながら本尊の周りを廻るという「般若呪縛之作法」という儀礼が行われていた。その理由は、本尊の下に押し込められている雷神をより確実に封ずるためだとされている。つまり、この寺の毘沙門天は、雷神を封じ込めるために置かれたと信じられていたわけである。

縁起は、この呪縛作法は絶対におろそかにしてはならないと記しているから、寺にとってはとても重要であったらしい。ところで、雷神は同時に水神であるから、そのことを考えに入れれば、この伝説からは、外来の仏教神である毘沙門天と土着の民俗神・水神とのあいだに何らかの対立関係のあったことを想像させる。

実は、寺が建立されている神峰山は桧尾《ひお》川という河の水源域にあたり、その下流の平地部には、弥生時代から古墳時代、そして鎌倉時代に至るまでの住居跡が発見されている。桧尾川は、これら下流域に住む人々に生活の水を供給する命の川であったわけだ。

しかし、この川は決して安定しているとは言えなかった。それは、これらの住居跡を貫いて幾筋もの川床の跡が検出されていることから知られる。つまり、この川は、暴れ川的な性格を持っていたのである。とすれば、当然のごとくその水源域の山が、水神の坐す聖域と考えられるようになるであろう。水神は、しばしば雷神や大蛇などであらわされるように荒々しい一面を持っていた。そこで、後になって山岳仏教の修行者が、そうした水神を統制するために仏教で最も強力な力を持つ毘沙門天をその聖域に据えた、そしてそれが、この寺の本尊となった、ということなのであろう。

神峯寺本堂

縁起にある「般若呪縛之作法」とそれにまつわる伝説が語る毘沙門天と雷神の対立は、そうした神峰山寺の始まり、そして仏教と民俗神の関係を投影した事例として興味深い。

（橋本章彦）

盗む空海

空海の密教の価値を見抜いた最澄

奈良東大寺の北に空海寺と呼ばれる寺がある。戒壇院のすぐ北側に位置するこの寺は、東大寺僧侶の墓所となっていた。通称「あな地蔵」とよばれており、石に刻まれた地蔵と不動が本尊である。江戸時代の記録にその不動にまつわる興味深い伝説が記されている。

空海が、東大寺で学問をしていたとき、比叡山の最澄が戒壇院の土を盗むように命じた。空海は、言われたままにそれを盗み出し京都へ運ぼうとしたが、すぐに東大寺の僧らに見つかってしまう。仕方なく土を捨てて現在空海寺の建立されているところに逃げ込み、そこで久しく隠れ住んでいた。そのあいだに仏を彫刻した、というのである。

最澄が盗みを命じて空海が実行する。こんなめちゃくちゃな話がなぜ生じたのであろうか。

一般に、空海は高野山に真言宗を、最澄は比叡山に天台宗を開いたことでよく知られている。彼らは、延暦二三年（八〇四）に同じ遣唐使一行に加わって唐へ渡っている。そのころ空海はいまだ無名であったが、最澄はすでに宗教界に重きを成す存在であった。空海が留学期間を自ら短縮して帰朝したとき、そのもたらした密教の価値をいち早く見抜いたのは最澄である。彼は、無名の空海にわざわざ弟子の礼をとって密教を学びとろうとする。だが、後には様々な理由によって二人の関係は途絶した。

空海寺

ところで最澄は、戒壇の設立を強く望んでいた。そのころ正式に僧となるためには、東大寺の戒壇院で戒律を授けられる必要があった。主流は東大寺などの南都仏教だったのである。その結果、比叡山で育成された僧侶の多くが、受戒後、南都に留まり、比叡山にはもどらなかった。比叡山に独自の戒壇を設立することは、最澄の悲願だったのである。だが、彼の生前にそれが実現することはなく、それがみとめられたのは彼の死の直後であった。また、空海は極めて短期間だが、東大寺別当に任じられていた時期があったのである。

右の話は、こうした二人の歴史的関係をもとにそれを逆手にとったものだったといえよう。

（橋本章彦）

亡霊の和歌

古代以来の伝統の上に

江戸の奇談を記した『耳嚢《ぶくろ》』に、亡霊の詠じた和歌が載っている。

かつて奥州某藩から参勤交替の御供として江戸屋敷に勤務した男がいた。ある夜、夢枕に故郷の妻がたち、刃にかかって命を落としたという。母に問い合わせると、男が江戸へ出立の後、妻は行状が悪く行方不明となったと返事があった。

夫が再び枕元にたった妻をただすと、不義を働いたのは実は母であり、逆に憎まれて殺されたという。死して浮名の恥辱を受けた。亡き骸はなお谷間にあるという。男が目を醒《さ》ますと、髪が一束置かれていた。亡霊は、

待ち詫《わ》びし法《のり》の教への数々も行く先安き身こそうれしき

（心から待ち望んできた仏法の教えは色々あるとしても、極楽に赴く救いの約束されているわが身が一番嬉しい）

と歌ったという。人を遣わすと、果たして死がいは朽ちずに谷にあり、母は罪に服した、という。

亡霊とは、地獄にも極楽にも行けず中有にさすらう存在である。したがって、追善供養を頼んでもよいところなのに「行く先安き身こそうれしき」と極楽往生を確信している。「法の教への数々」とあるのもここで何を指しているのかが不審である。つまり和歌は話の内容と合わない。恐らくこ

の和歌は話と別個に成立したか、伝承されていたものとみえる。

いずれにしてもこのような法悦を詠じた和歌は、中世以後盛んになる釈教《しやつきよう》歌《か》の伝統に立つ。釈教歌というのは、中世になって仏法を讃美したり、経典の教理や教義を和歌の形式に乗せたりして詠じたものである。例えば、月の満ちた姿は悟りを表すものだとして、澄んだ月を見ると煩悩が救われるというふうに。もう少し文学の歴史を辿れば、亡霊が和歌を詠むというのはさらに古く、『源氏物語』六条御息所の生霊を初見とする。というのは、平安時代の記録の中でも、生霊が和歌を詠んだという事例を聞いたことがない。そもそも『源氏物語』以前には、物怪そのものがあまり描かれていない。だから、六条御息所が意識・無意識の間にみずからが生霊となったことを確信するという、あのみごとな叙述は、『源氏物語』の発明だといえる。さらに、生霊が和歌を詠むということも、『源氏物語』の発明である。ただ、このような表現には、伝統的な基盤があって、古代の歌集には、和歌で神に訴えたり、神が示現して和歌を詠んだりすることも見られる。幽明境を異にする者同士が和歌で交感する伝承もある。つまり、和歌の働きは、男女の贈答唱和だけにあったのではない。だから、このような江戸時代の武士の世間話も、古代・中世以来の文学的伝統の上に生まれてきたといえるのである。

（廣田　收）

苦吟する亡霊の成仏（『般若心経和訓図会』）

長寿の秘けつ

無為自然のまま生きるのが一番

人間の欲望というものは巷間、食欲と性欲と睡眠だといわれているが、もうひとつ、永遠の命ということもある。人によって意見の異なる睡眠の問題は今措くとして、突き詰めてゆけば、結局、「尽きない食糧」「幸福なる婚姻」「永遠の命」の三つだということになってしまう。これは、かねてより昔話の希求してやまなかったものである。それは人々の願いの最大公約数であるといえるだろう。

もちろん誰もが感じるように、日常のストレスというものは大変なもので、知人から聞いた話だが、日々修行を重ねておられる僧侶に、何が大変ですかと尋ねると「人間関係です」と即答されたというから、われわれ凡庸なる世俗は救いようがない。

幕府代々の医者であった今大路家では、御先祖の曲直瀬《まなせ》正盛という人の墨跡と伝わる掛け軸を、神農祭《しんのうさい》の折りに掛けていた、という。神農祭というのは、冬至に漢方医が医事の祖神とあがめる、中国伝来の神農という神を祭り、親戚・知人を招いて供宴を催す行事である。

その掛け軸には、

長生は素食正直ひゆだらり勝手次第に御屁めされよ、（長生きは、ごちそうを避けて粗食を心がけ、

欲深く立ち回って人と喧嘩するよりも、正直が肝心であり、勝手気ままにおならをすればよいので、何ごとも我慢する必要はない）

という和歌が記されていた。当主は、およそ意味はたどれるけれども、「ひゆだらり」の部分が分からなかった。そこへ、信州生まれの物知りの翁が訪ねて来たので、その意味を尋ねると、「以前、山深い片田舎で、百歳の老人に長生きの術を聞いたとき、『こんな山奥であるから、明け暮れ素食で、もとより何の野望もないので心労もない』と答えた」と。得心できない彼は、なお、長寿の秘けつがあるに違いないと、せめて尋ねると「『熱い風呂の湯には入らない、熱い湯を飲まない、火の熱いところには近づかないことを心がけている』と答えた。だから『ひゆだらり』とは、このことだろう」と答えたので、当主は初めて、その和歌の意味を理解したという。

　こんな他愛もない話が、江戸時代の随筆集『耳嚢《ぶくろ》』に載っている。

「ひゆだらり」の「ひゆ」が火と湯であるというのはいかにもこじつけくさく、もしそうだとしても、それが「たらり」であるというのは、なお分からないままである。

　いずれにしてもその当否はどうでもよい。それよりも、この和歌の詠むように、長生きには、素食と正直と、それから「おなら」を我慢する必要がない、出物腫物《はれもの》所嫌わずであるから、無為自然のまま生きよという教えには、妙に納得させられるところがある。

（廣田　収）

海を厭う僧のはなし

死して魚となった金光坊

その僧は、みずからの死を怖れた。我が身が海になることを怖れた。名は、金光坊《こんこうぼう》という。時は一六世紀末。那智《なち》湾をのぞむ補陀洛山寺《ふだらくさんじ》の住職は古《いにしえ》より補陀落渡海《ふだらくとかい》を行う運命にあった。

補陀洛渡海とは、南方の海上にあるとされる観音浄土の世界をめざして、生きたまま船出する宗教儀式である。生身の人間が、観音に対する厚い信仰心から、死を覚悟し、海を渡った。この入《にゅう》水捨身《すいしゃしん》の儀式は、九世紀半ばから一八世紀初めまで、日本各地の海岸でおこなわれた。そして多くの宗教者が、小舟に乗って、海の彼方へと消えていった。

金光坊は、熊野那智の海岸で、迫りくる入水往生《おうじょう》におびえていた。彼は、ひとり乗りの小さな屋形船に乗せられていた。その船は、四方に四基の鳥居をたて、そのあいだを卒塔婆《そとば》の忌垣《いがき》で囲んでいる。白帆には南無阿弥陀仏と墨書きし、中央の屋形は死者を送る木棺であった。金光坊は、墓所のような船に押し込まれ、四方の壁に外から釘を打たれた。屋形の内部は、窓ひとつなく、日月の光を見ることもできない。ただ灯油のともしびだけが、壁面にみずからの影をうつしていた。彼の足もとには、三〇日ほどの食物と油がおかれ、黒き鎌が添えられている。この鎌は、船底に大きな穴をあけ、船とともに海へ沈むためのものである。

金光坊の船は、いよいよ出帆した。後方に、二隻の小舟をともない、沖合までは三隻の船で進む。海岸には、那智の滝本行者《たきもとぎょうじゃ》がずらりと列び、その船出を、羨望の眼差しで見送った。那智千日行にいどむ彼らは、いつか自分もあの渡海僧のように、生きたまま観音浄土をめざしたいと切に願った。

ところが、ここで事件がおきた。船が港中の小岩島へ差しかかったとき、金光坊は、海岸へひき返す二隻の追従船を尻目に、船から逃げ出し、島へ上陸してしまった。これには、介添えの役人たちも驚いた。ただ彼らは、この前代未聞の愚行を許さなかった。役人たちは、金光坊を無理やり海中に沈めたのである。

この出来ごと以来、生きたままの渡海はとり止められた。そして地元の伝承によれば、金光坊の怨霊がヨロリという魚となって、海中を漂っているという。ヨロリは〈クロシビカマス〉という実在の魚で、死骸を好んで食べる。

死して魚となったこの僧には、観音世界に往生するよろこびもなければ、生きながらえて南方浄土へたどり着く望みもなかった。それゆえに、彼の執心は、死骸を好む魚となり、那智湾の近海をいつまでもさまよっている。

（鈴木堅弘）

比良の八荒あれじまい

暗夜の湖を渡る女

女性の気持ちが変わりやすいことを「秋の空」にたとえる諺があるが、じつは古くは「男の心と川の瀬は一夜に変わる」などと言い慣わしていたようだ。たしかに男は浮気心の動物なのかもしれない。

ところで、春夏秋冬の季節の変わり目を人の心にたとえる俚諺や物語のなかには、男女のすれ違いや恋のドラマがしばしば顔をのぞかせる。

旧暦二月の荒天にまつわる近江の諺「比良《ひら》の八荒《はっこう》あれじまい」もそのひとつであった。毎年、春をつげる二月二四日（今の三月下旬）の頃になると、琵琶湖のほとりは寒気がぶりかえし、比良山から吹きつける強風で、湖上の舟さえくつがえすほどの荒れもようになる。それは厳しい冬のおわりを告げる「荒れじまい」でもあった。

この季節風の由来をめぐり一組の男女の哀しい物語が伝わる。湖西の比良村に「八荒」という力士がいた。湖東「鏡村」の相撲に出るためにやって来たこの男に村娘の「お満」が恋をする。やがて比良に帰った八荒のことが忘れられず、お満は毎晩タライ舟を漕いで暗い湖を渡り男に逢いに行く。「百夜通えば嫁にしてあげよう」との八荒の言葉を信じ、向こう岸にかがやく白髭《しらひげ》明神の燈明を目印に、お満はくる日もくる日も恋の闇路を急いだ。一方八荒はあまりの執着心に怖れをなし、ついに九十九日目の夜、灯明の火を消してしまう。折りからの大嵐のなかで方角を見失ったお満は、波にさらわれ溺れ死ぬ。こんなことがあってから、女の一念のためであろうか、毎年お満の水没した二月二四日には、湖上に暴風が吹き荒れるようになったという。

今も、守山市今浜の樹下《じゅげ》神社では、旧暦二月二四日にお満の霊をなぐさめる硫礦夜《いおや》祭がおこなわれ、長かった冬に別れを告げ、暖かい春の訪れをことほぐ。

大嵐のあとには必ず春がやって来る。まるで若い二人のように。

（堤　邦彦）

樹下神社の湯立て神事

樹下神社に伝わる「お満人形」

あとがき

本書は、二〇〇四年一月から二〇〇九年三月まで、おおよそ五年のあいだ全国農業新聞に連載されたものを中心に、書き下ろしの数点をあらたに加えて、全部で百話に整理して成ったものである。原稿の提出は、二週間もしくは一ヶ月に一度のペースであったから、とうてい一人の力では対応しきれるものではなく、当然多くの方々のご協力を仰ぐことになった。五年もの長きにわたって連載できたのは、ひとえに〝おもしろいものを〟という筆者の注文に応えてくださった執筆者各個の工夫と熱意のたまものである。

そもそも世間には、人と人しかいない。それら人どうしのつながりを基盤にして、お互いが協同することで、世の中でさまざまなことが維持され、また新しく生み出されている。その目的はただ一つ、自分とまわりの人の〝幸い〟である。この本が、読者諸兄のひとときの〝幸い〟を作り出すことに何らか意味をもったならば、編者そしてそれぞれの執筆者にとってもまた〝幸い〟である。

本書の書き手の一人一人は、それぞれ国文学、民俗学、歴史学などの専門の研究者であり、新進気鋭からベテランまで、いずれもその多くは第一線で活躍なさっている人たちである。それゆえ、一つ一つのエピソードは、各個の深く広い学識に裏打ちされているものばかりである。そしてその集合体としての本書は、学問分野を横断することにより、個々の分野に自閉していただけでは描けなかった〝もう一つの世界〟を浮かび上がらせているように思える。つまり、読み物としておもしろいのみならず、学問的にも次へつながる何ものかを示しているというわけである。

何かを成し遂げるということは、石の上に一滴ずつ水を落として、その石に穴を開けるようなものである。ことに積み重ねを必要とする分野ではそうである。大切なことは、自分の落とした一滴が次の一滴を引き出せるような仕事となることであろう。本書が、読者の方々にとって、また学問の世界において、そのような一滴であることを願ってやまない。そしてでき得ることならば、なんらか人々の〝幸い〟を作り出すことにつながってくれればと思う。

連載終了直後から執筆を担当していただいた方々から、それぞれの文章を整理して出版をしてはどうかとのご意見を伺っていた。またこのたび出版を引き受けていただいた三弥井書店にも早くからご快諾をいただいていながら、結局本書が成るまでに長い時間がかかってしまった。これはひとえに仕事に関して腰の重い筆者の責任にかかるところである。深くお詫びしたい。

ここで、連載原稿の使用をお許しいただいた全国農業新聞には、あらためて謝意を表しておきたい。また、実際に出版をお願いした三弥井書店の吉田智恵さんには特別の計らいをいただいた。あわせて謝意を表したい。そして本書に関わったすべての方々にも。

たくさんの人々の努力によって成った本書が、さらに多くの人々の〝幸い〟に結びつかんことを願う。

二〇一四年炎夏の頃　京都東山の寓居にて　橋本章彦

戸城三千代（としろ　みちよ）
1970年生まれ。立命館大学文学研究科日本文学専攻博士課程後期課程単位取得満期退学。現在、出版社勤務。

中川あゆみ（なかがわ　あゆみ）
1962年生まれ。名古屋女子大学講師。（村田あゆみ）
『児童文学研究の現代史―日本児童文学学会の四十年』（共著、小峰書店、2004年）。

西岡陽子（にしおか　ようこ）
1952年生まれ。大阪芸術大学文芸学科教授。
主要著書論文『宵山祭りの民俗空間』（「町・祇園祭・すまい」思文閣出版、1994年）。『座敷を飾る』／『造り物の諸相』（共編「祭りのしつらい」思文閣出版、2008年）。

根井　淨（ねい　きよし）
1949年生まれ。元龍谷大学教授。博士（文学）。
著書『補陀落渡海史』（法藏院、2001年）。編著『熊野比丘尼を絵解く』（法藏院、2007年）。

廣田　収（ひろた　おさむ）
1949年生まれ。同志社大学文学部教授。博士（国文学）。
『『宇治拾遺物語』表現の研究』（笠間書院、2003年）、『『源氏物語』系譜と構造』（笠間書院、2007年）他。

真下　厚（ましも　あつし）
1948年生まれ。元立命館大学教授。博士（文学）。
『万葉歌生成論』（三弥井書店、2004年）、『古事記の起源を探る　創世神話』（共編著、三弥井書店、2013年）他。

真下美弥子（ましも　みやこ）
元京都精華大学人文学部教授。博士（文学）。
『京のオバケ――四季の暮しとまじないの文化――』（筆名・真矢都、文春新書、2004年）、「四地域を通して考える地蔵盆――世代間の伝承とコミュニティの機能――」（『2012年度未来の京都創造研究事業研究成果報告書』、2013年）。

本林靖久（もとばやし　やすひさ）
1962年生まれ。大谷大学非常講師。博士（文学）。
『ブータンと幸福論―宗教文化と儀礼―』（法藏館、2006年）、「ブータン―『国民総幸福』と『伝統の創造』への試み―」（『挑戦する仏教―アジア各国の歴史といま―』木村文輝編、法藏館、2010年）他。

義田孝裕（よしだ　たかひろ）
1978年生まれ。京都ノートルダム女子大学事務職員。博士（文学）。
「『伊勢参宮名所図会』の編纂姿勢―銭掛松の記述をめぐって―」（『遊楽と信仰の文化学』、森話社、2010年）、「関亭伝笑作『敵討寝物語』考」（『京都ノートルダム女子大学　言語文化研究』02号、2012年３月）。

執筆者紹介

雨野弥生（あまの　やよい）
1974年生まれ。株式会社三省堂出版局辞書出版部勤務。
「創生される「名木」―「鶯宿梅」伝承の中世的変容」（『遊楽と信仰の文化学』森話社、2010年）、「五条橋をとりまく空間認識と文芸―清水の向こうに見えるもの」（『説話・伝承学』16号、2008年３月）他。

石田　禎（いしだ　ただし）
1958年生まれ。京都府立大学文学部社会福祉学科卒業 臨床心理学専攻 異聞奇譚研究家。

加藤基樹（かとう　もとき）
1975年生まれ。富山県［立山博物館］主任・学芸員。
「近世寺社縁起の戦略性―三河国鳳来寺縁起を事例として―」（堤邦彦・徳田和夫編『寺社縁起の文化学』所収、森話社、2005年）、「中世『三禅定』覚書―三禅定研究のゆくえ―」（『研究紀要』18号、富山県［立山博物館］、2011年）他。

菊池政和（きくち　まさかず）
1960年生まれ。花園大学・熊本学園大学非常勤講師。
『無刊記本　首書歎異抄―解説・影印』（編著・九州教学研究所熊本分室2012年）「熊本県立図書館荒木文庫蔵『延寿寺開基月感大徳年譜略伝』―解題と翻刻」（『唱導文学研究』第八集・三弥井書店・2011年）他。

鬼頭尚義（きとう　なおよし）
1980年生まれ。京都精華大学、神戸市看護大学非常勤講師。博士（学術）。
専門は寺社縁起、説話伝承。「寺社参詣の意識―酒井家文書から考える―」（『京都精華大学紀要』第44号、2014年３月）、「泰産寺と清水寺―子安観音の由来を中心に―」（『宗教民俗研究』第21・22合併号、2013年１月）、「聖徳太子と人魚―太子伝承から観音正寺縁起へ―」（『説話・伝承学』第20号、2012年３月）。

鈴木堅弘（すずき　けんこう）
1977年生まれ。京都精華大学非常勤講師。博士（学術）。
「浮世絵に描かれた「丑の刻参り」に関する一考察―教訓書から春画まで―」（『浮世絵芸術』第165号、2013年１月）、「親鸞伝における川越ノ名号伝承の成立と展開―親鸞聖人絵伝・略縁起を中心に―」（『説話・伝承学』第21号、2013年３月）他。

末松憲子（すえまつ　のりこ）
1978年生まれ。豊岡市祭礼等調査委員会委員。元・京都精華大学非常勤講師。修士（人文学）。
「青蓮院門跡の略縁起―出開帳とその周辺―」（石橋義秀・菊池政和編『近世略縁起論考』、和泉書院、2007年）、「はじめに歌枕あり―八橋売茶方厳の三河八橋再興―」（堤邦彦・徳田和夫編『遊楽と振興の文化学』、森話社、2010年）他。

徳丸貴尋（とくまる　たかひろ）
1973年生まれ。一般財団法人今日庵 今日庵文庫主任。
翻刻「今日庵本 山上宗二記」、翻刻「珠光一紙目録」（『茶道文化研究』第６輯、一般財団法人今日庵、2014年３月）。

編者紹介

堤　邦彦（つつみ　くにひこ）
1953年生まれ。京都精華大学人文学部教授。怪異文芸研究会代表。博士（文学）。
『寺社縁起の文化学』（共著、森話社、2004年）、『女人蛇体―偏愛の江戸怪談史』（角川書店、2006年）、『現代語で読む江戸怪談傑作選』（祥伝社、2008年）、『江戸の高僧伝説』（三弥井書店、2008年）、「江戸の恐怖感覚をさぐる」（『怪』31号、2010年11月）、「『四谷怪談』の原像を求めて四谷を歩く」（『怪』38号、2013年３月）、「妖怪と仏教」（『HUMAN』６号、2014年７月）。

橋本章彦（はしもと　あきひこ）
1955年生まれ。大学兼任講師。博士（文学）。
大谷大学大学院博士後期課程満期退学。仏教文化論、宗教民俗学専攻。
京都精華大学、京都橘大学、京都学園大学、大阪芸術大学、神戸親和女子大学、同志社大学などで教鞭をとる。『毘沙門天―日本的展開の諸相―』（岩田書院、2008年９月）、共編『略縁起　資料と研究』第３巻（共編、勉誠社、2001年３月）。

異界百夜語り

平成26（2014）年10月24日　初版発行

定価はカバーに表示してあります

発行者　吉田榮治

発行所　株式会社　三弥井書店

〒108-0073 東京都港区三田3-2-39
電話 03-3452-8369 振替 00190-8-21125

ISBN978-4-8382-3270-3　C0039　印刷 藤原印刷